心向往之，
愿行亦能至
Xiansheng haomei

先生好美

慕容莲生◎著

图书在版编目（CIP）数据

先生好美 / 慕容莲生著 . -- 南昌 : 江西人民出版
社 , 2017.10

ISBN 978-7-210-09667-2

Ⅰ . ①先… Ⅱ . ①慕… Ⅲ . ①女性－名人－生平事迹
－中国 Ⅳ . ① K828.5

中国版本图书馆 CIP 数据核字（2017）第 204877 号

先生好美

慕容莲生　著

责任编辑：李月华
书籍设计：游　珑
出　　版：江西人民出版社
发　　行：各地新华书店
地　　址：江西省南昌市三经路 47 号附 1 号
编辑部电话：0791-86898143
发行部电话：0791-86898815
邮　　编：330006
网　　址：www.jxpph.com
E-mail：270446326@qq.com
2017 年 10 月第 1 版　2017 年 10 月第 1 次印刷
开　　本：880 毫米 ×1230 毫米　1/32
印　　张：7　字数：200 千字
ISBN 978-7-210-09667-2
定　　价：39.80 元
承 印 厂：深圳精彩印联合印刷公司
赣版权登字—01—2017—693

出版说明：因各种原因书中个别照片作者未能联系到，请作者见书与江
西人民出版社联系，敬奉样书及稿酬。

目录

世间有男女,男可称"先生",女亦可称"先生"。

不少人只知"男先生",不知"女先生"。

2016 年 5 月 25 日,杨绛去世。有媒体发布消息时,称杨绛"先生"。更有媒体叹息,"中国最后一位被称为'先生'的女性走了"。这"先生"的称谓,引起另一些人的不解:杨绛不是女士吗,怎就成先生了?

称呼并无错,有大成就又德高望重的女性,可以尊称"先生"。

翻古书,"先生"有多种意思:

先生,师也。称老师为"先生",容易理解,自古就有"教书先生"的说法。这是其一。

其二,学士年长者,亦谓之先生。即年长且有学问的人,可称"先生"。文人学者也可通称"先生"。

除此之外,以相面、卜卦、卖唱、行医或看风水等为职业的人，也称"先生"。

但古书上的"先生"多为男性。这与男尊女卑的旧俗不无关系。那时是男权社会，男主外女主内，抛头露面的多是男子，女子纵使有才也多居人后。

到了清末民国时候，西学东渐，女权主义思潮在中国涌现，越来越多的女性走出家庭走向社会，承担起越来越多的社会角色。既然男女平等，很自然地，"先生"这称谓，男人用得，女人也用得。

若说有不同，那就是，"先生"可称呼所有男性，而被称为"先生"的女性往往不是普通女性，而是那些德高望重具有社会影响力和感召力的女性。

在这本书里，我写了杨绛、张充和、冰心、林巧稚、陈衡哲、冯沅君、林徽因、吕碧城八位先生。她们皆从民国走来，受过良好教育，在某领域或多领域取得了了不得的成就，活出了自己的精气神，博雅、婉柔、慈蔼，有风韵，有风骨，如书、如茶、如歌。

八位先生里，杨绛离今人最近。2016 年春末夏初，这世界，太阳底下，她在呼吸。这是她在人间的第 105 个年头。立夏过了，夏至未至，她挥别人间。时人无限叹息。杨绛，对她最好、最妥帖的评价，大可直接引用其丈夫钱锺书的赞词："最贤的妻，最才的女"。她一生和谁都不争，和谁争她都不屑，在纷扰世界里她守着一颗温厚的心，在生命的无常与有常中坚韧，求真向善地活在这世故的世界里。她是这喧嚣躁动时代里一个温润的慰藉。

张充和辞世是在 2015 年夏天，芒种过了，端午将至，在美国康涅狄格州她安详远行。张充和书法好，昆曲好，诗词也是个好。这么一个好人儿，其一生爱好是天然，不动声色地美着。像极了桃花鱼，宁静，惊艳。谁要赞美，由他赞美，而她在远处，悠悠然过自己的生活。她心有静气，一生从容。她不需要鲜花，她自己就是盛开的。这样的老太太，或许自此世间不会再有。

冰心，后人称誉其为"世纪老人"。她从 20 世纪之初，行到 20 世纪之末，红尘跋涉，一生童心不泯。心若怀冰，内含冰清，外涵玉润，清澈澄空。作家舒乙赞她"是一个真人"。她的真，在其童心，亦在其生活中处处直率从心。她用一生，焙了一壶清远的香茶。

林巧稚，这位先生，朴素简单，一生只做一件事，一生只亮一盏灯。她虽未婚，但有最丰富的爱，有最多的孩子，人称"万婴之母"，是中国现代妇产科学的奠基人。她一生简单，又很不简单。

陈衡哲，冯沅君，她们二位，纵使抛开她们在文学上的成就，以及她们对女权思想的推动，单从职业身份来说，她们也是可以称得"先生"的。

陈衡哲，中国第一位女教授，先后执教于北京大学、国立东南大学、国立四川大学等高校。这是个不"怨命"不"安命"勇于"造命"的女子，写文著史教书样样皆能样样精彩，归于家庭又做得贤妻做得良母，但她又最是拒绝女子一生只做贤妻良母。她用一生诠释了，女人如何成为"女人"，又

3

如何成就一个大写的"人"。

冯沅君也很了不得，她比冰心、陈衡哲成名要晚一些，但一入文坛就驰名文坛，成就可比肩冰心、陈衡哲等人。她先后在金陵女子大学、复旦大学、中山大学、武汉大学、山东大学等校任教；1955年，她还出任山东大学副校长。她从小缠足，三寸金莲走天下，撒着步子自由奔跑，一生自主，想做什么就做什么，开自己的花结自己的果。对于爱情婚姻，她更是毫不委屈自己，爱了，就不顾一切去爱；不爱了，就决然分开。爱也爱得起，放也放得下。她的一生，从心所欲，自成方圆。

我所写的这八位女先生，林徽因未必是成就最大的一个，却可说是名头最大的一个。她身上有太多色彩，那些色彩是她自己点染的，更有俗世闲人为她涂抹的。但活在众口传说里的感情绚烂的林徽因，其实只得"林徽因"的十分之一，且虚虚实实真假难辨。足本的林徽因，美得有灵魂，双脚完全自由地行走。她美，却并不喜欢人来称她"美人"："真讨厌，什么美人不美人的，好像女人就没什么事可做、只配作摆设似的！我还有好多事儿要做！"

八位先生中，吕碧城成名最早，她风华绝代，一生不婚，堪称是民国第一奇女子。在她身上，贴着诸多"第一"的标签，比如"中国第一位女性撰稿人""中国新闻史上第一位女编辑""中国近代教育史上女子执掌校政第一人""中国女权运动的首倡者"等。她一生不羁爱自由，对生活从不将就从不苟且，独立，自重，长得漂亮又活得漂亮，将人生的每一步都走得风生水起，自己得了无尽风光，于社会又大有贡献。她的一生就是一个传奇。

八位先生，八个世界，各占万种风情。

生为女子，她们灿然如花，有风骨的花。

风骨是一个人的灵魂。女子有风韵自然是好，若无风骨，美则美矣，没有灵魂。

有风骨的人，有底蕴有格调。底蕴是内心蕴藏的才智和见识，格调决定了人在人间如何取舍如何行止。

有风骨，万般谦和，柔而不弱。温润自有锋芒。

有风骨的花，惹人仰望，花香沁人心。

先生好美。

2016年12月19日，长安冬夜暖

杨绛：

最贤的妻，最才的女

杨绛（1911 年—2016 年），原名杨季康，江苏无锡人。1932 年自苏州东吴大学毕业，同年入清华大学研究院研习。1934 年开始发表作品。1935 年留学英国、法国，1938 年回国。先后任上海震旦女子文理学院教授、清华大学西语系教授。1949 年后，任中国社会科学院外国文学所研究员。主要作品有剧本《称心如意》《弄假成真》，论文集《春泥集》《关于小说》，散文集《干校六记》。长篇小说《洗澡》。短篇小说集《倒影集》等。主要译著有《堂·吉诃德》《小癞子》《吉尔·布拉斯》等。

她活了 105 岁。

长寿的人似参天大树，可喜的是，树上
又缀满果子，路过的人坐在树下，看枝枝叶
叶都生得别致，随便采粒果子皆甘如饴蜜，
奋进者愈加沉勇，无力者得着力，迷茫者见
着光。这并非随口说来的瞎话。在她 105
岁这年，她烤着的生命之火在夏日里忽然
萎了，消息传出去，亿万人不约而同地纷纷
表达深切哀思，思忆从她那儿得着的力见
着的光。

1912 年时一岁的杨绛。

人们并不太能记得清她的本名杨季康，
只最熟悉她著书立说的笔名：杨绛。

在 1942 年冬天前，她一直以"杨季康"
之名立世；1942 年冬天，她写了个叫《称心
如意》的剧本，署什么名呢？忽然想起家人

唤她"季康","季康"叫得快了便生出"绛"音。那就署"杨绛"吧。剧本《称心如意》在 1943 年被搬上舞台,反响大,她由此闻名,"杨绛"一名也就随着她了。

杨绛先生活了一个多世纪,从除旧布新的辛亥革命那年,到得今时今日,人们去了长衫去了旗袍,爱网络爱自由,迷恋所有新鲜事物,竟也一直热爱阅读这位百岁老人的故事。随便一篇文章,署了"杨绛"之名,便可广泛流传。说起来好奇妙。

其实也容易翻出答案呀。

◀ 1927 年摄于苏州庙堂巷老宅的一张杨荫杭全家福。七妹杨棨、八妹杨必站在母亲两旁,小弟保俶站在父亲身边。后排左起为三姐闰康、杨绛、大姐寿康和大弟宝昌。

谁如她智慧而温厚，谁有她坚韧而幽默，谁似她求真而勇敢，又有谁和她一般勤勉而恬淡？

人们所惦记的，从来都是人们渴望抵达的。人们想去往一个地方，会让心灵先抵达那个地方。

纷扰世界里守一颗温厚的心

故事从哪儿说起呢？杨绛生于北京，少年时先后在上海、苏州等地求学，这些或许是不必赘言的了。且就说说和"杨绛"黏合最密切的那个名字，"钱锺书"；说说杨绛和钱锺书那些温厚深沉的事，先从这扯个头儿吧。

杨绛是钱锺书心中"最贤的妻，最才的女"。

杨绛和钱锺书结为夫妻，姻缘来得有趣。

1932 年初，杨绛起意去燕京大学借读。她本是苏州东吴大学的学生，毕业在即，但东吴大学因学潮停课，开学无期；她不想再等，便请费孝通帮她办理去燕京大学借读的手续。费孝通是她昔日同窗，亦暗恋着她。

参加借读考试后，杨绛去清华大学见个老朋友，和她同行的是同窗孙令衔；孙令衔去清华大学看望表兄，表兄名叫钱锺书。如此这般，杨绛和钱锺书相遇，这是 1932 年 3 月。人生初见，杨绛对钱锺书只一个印象：他身着青布大褂，戴一副老式眼镜，眉宇间蔚然而深秀。

后来有人问杨绛，你和钱锺书彼此难道不是一见钟情吗？杨绛答，她不信人生有一见钟情的事。但钱锺书对杨绛大抵是一见钟情的。要不，钱锺书的表妹孙令衔不会莫名其妙地提醒钱锺书，杨绛有男朋友。

燕京大学行政楼（贝公楼，Bashford Hall）。

孙令衔所说的杨绛男友即为暗恋杨绛的费孝通。此外，孙令衔又着意提醒杨绛，钱锺书在故乡无锡和叶家小姐已有婚约。其实，叶小姐自有男朋友，只不过钱、叶两家父母有牵红线的意思；费孝通自认最有资格做杨绛的男朋友，但也不过是一厢情愿罢了。

钱锺书自有一种痴气——人一旦心仪某人，痴气顿生——不久他约杨绛又见面。见面后，钱锺书的第一句话是："我没有订婚。"杨绛说："我也没有男朋友。"

各自急着澄清，还不是因为心田有爱意在萌动？

杨绛意识到她已沉陷爱中，是在一个学期结束后，钱锺书放假回家了，持续一整个学期的鸿雁往来突然中断了。那天，依着往日习惯，钱锺书是有书信投来的，然而没有了，失落感奔涌而来，杨绛难受了好多

清华古月堂。1932 年 3 月，钱锺书和杨绛在古月堂门口第一次见面。杨绛回忆："偶然相逢，却好像姻缘前定，我们都很珍重那第一次见面。"

清华学堂，位于清华大学校园内。1909年最初建成时称游美肄业馆，1910年改称清华学堂。其正额"清华学堂"四字由清末兼管学部和外务部的军机大臣那桐于宣统辛亥年（1911）题写。1934年，钱锺书住清华学堂大楼，即一院。

◀1935 年，钱锺书和杨绛在
　赴英国留学的船上。

◀1936 年，钱锺书和杨绛
　在牛津大学公园。

时。呀，为何要难过？冷静下来，杨绛自知，"这是 fall in love 了"呀。

爱情来了，就接着它吧，坦坦荡荡温温柔柔去爱。为什么不呢？

她爱读书。三天不读书，心下不好过；一星期不读书，一星期都白活了。而他也好书嗜读如饥渴。

他说他志气不大，只想贡献一生做做学问。她觉得，这点和她的志趣比较相投。

如此情趣相投，真难得。人生那么短，总要与倾心之人共度，才不算辜负。

爱情是两个人的事，你情我愿便可甜甜蜜蜜。而婚姻却是两个家庭的事情，会牵涉双方身边大大小小的人和事。杨绛自是明白。有一次，她写信给钱锺书："现在吾两人快乐无用，须两家父亲兄弟皆大欢喜，吾两人之快乐乃彻始终不受障碍。"这封信，恰巧被钱父看到了，老先生对杨绛大加赞赏："真是聪明人语！"

牛津大学艾克赛特学院。创建于 1314 年，是牛津大学第四古老学院，建筑紧凑别致，牛津城的书店大多集中于该学院所在的高街和宽街。

岂止是聪明呢？若无智慧而温厚的心，怎出得此思此言？

1935 年春，钱锺书考取庚子赔款奖学金资助的公费留学资格。那时杨绛还没有毕业，但考虑到钱锺书从小生活优裕，被娇养惯了，除读书之外，其他生活琐事一概不关心，亦不善于生活自理，杨绛毅然决定中断学业，和钱锺书结婚，随他去英国留学，照顾他生活。

婚礼在钱锺书故乡无锡举办，婚后不久，钱、杨二人去了英国。

钱锺书就读牛津大学艾克塞特学院，一心读书，家事全由杨绛操持。起初，二人租了一房，和房东共用厨房一起就餐。钱锺书饭食挑剔，房东煮的饭他吃不惯，没多久面黄肌瘦。杨绛决定改租一套带炉灶厨具的房子，自办伙食。她一人四处跑着看房，寻到了满意的，带钱锺书来看，钱锺书看了喜欢，二人搬入新居。有了独立厨房，杨绛依着钱锺书的饮食喜好，精心烹煮。钱锺书曾为杨绛写过这样一首诗："卷袖围裙为口忙，朝朝洗手做羹汤。忧卿烟火熏颜色，欲觅仙人辟谷方。"得此赞诗回应，杨绛辛劳亦觉欣慰。

闲余，杨绛自修西方文学，去图书馆苦读。她说："作为锺书的妻子，他看的书我都沾染些，因为两人免不了要交流思想的。""我们文学上的'交流'是我们友谊的基础。彼此有心得，交流是乐事、趣事。"

因爱情而成婚姻，可喜又可贵。但婚姻里爱情如何持续丰盛？亲密无间又平行进步，彼此一直有可以交流的乐事。亦即，婚前有很多话说，婚后也可以好好说话。

在牛津，钱锺书和杨绛有了他们的孩子。杨绛待产住院，钱锺书一个人过日子，每天到产房探望，他总苦着脸和杨绛说："我做坏事了。"

◀1940 年代的钱锺书。　　◀1940 年代的杨绛。

他打翻了墨水瓶，把房东家的桌布染了，杨绛说："不要紧，我会洗。"他不留神把台灯砸了，或把门轴弄坏了，杨绛说："不要紧，我会修。"听见她说"不要紧"，他就放心回去。

杨绛的"不要紧"伴随钱锺书一生，是以钱锺书感激地称道杨绛是"最贤的妻，最才的女""绝无仅有地结合了各不相容的三者：妻子、情人、朋友"。

1938 年秋，钱锺书学成归国，执教于昆明。杨绛带着女儿回到迁居上海的钱家。在上海，这个满脑子西方文学经典的女人，她不再仅是钱锺书一个人的贤妻，还要学会做一大家子的贤媳。她缝缝补补，敬老抚幼，诸事忍让，脸上总是笑眯眯的。钱母不无感慨地称赞杨绛："笔杆摇得，锅铲握得，在家什么粗活都干，真是上得厅堂，下得厨房，入水能游，出水能跳，锺书痴人痴福。"

钱父病重时，甚为担忧地问钱母："我死后，你跟谁过？"钱母说："跟季康过。"

杨绛之贤，由此可见一斑。

倘若说待家人温厚是责任，那么，待朋友、同事及社会温厚，便是德之馨了。

杨绛在中国社会科学院外国文学研究所的同事们回忆说，研究所里同事谁家有急难了，杨绛总会急人之难，给一些资助。作家朱虹回忆："有一次我和丈夫柳鸣九要送孩子回老家，因为没钱而犯愁，杨先生知道了，立刻送了 300 块过来。"另一个同事董衡巽算过一笔账，每年春节、"五一""十一"三个大节日，杨绛都要给好几家不太宽裕的同事送钱，帮他们对付生活压力。董衡巽说，别看当时钱锺书每月工资 356 元，杨绛工资 280 元，称得上高薪，但"逢年过节，两位先生反倒是要过苦日子了"。

2001 年，杨绛将高达八百多万元的稿费和版税全部捐赠给母校清华大学，设立了"好读书"奖学金。在捐赠仪式上，杨绛说："我是一个人，代表三个人：我自己一个，还有已经去世的钱锺书，和我们的女儿钱瑗。先前，我跟钱瑗在钱锺书的病床前，我们一起商量好了，将来要是有钱，我们要捐助一个奖学金，取名叫'好读书'。'好读书'奖学金的宗旨就是要鼓励和帮助家境贫寒的学生。"

设立"好读书"奖学金这一年，杨绛 90 岁。人至暮年，终要思考后事。杨绛思考的后事，是将什么留给后人、留给未来世界。

1953 年的杨绛。

在生命的无常与有常中坚韧

钱锺书的堂弟钱忠鲁曾这样评说杨绛，她"像一个帐篷，把身边的人都罩在里面，外面的风雨由她来抵挡"。无论在日常生活还是在人情世故上，杨绛都比钱锺书要细致周到，在钱家，她堪称主心骨。

抗日战争时期，人们生活艰难。有些知识分子在利诱之下做了汉奸，另有一些坚持抗日，过着颠沛流离、入不敷出的生活。前者杨绛绝不会做，后者杨绛又不能做。钱锺书是书生本色，不善生计。为了让钱锺书和女儿钱瑗过稍微体面的生活，杨绛当过中学校长，给富商小姐做过家庭教师，也做过小学代课教员。但生活依然艰辛。

剧本《称心如意》可谓是杨绛为对付生活压力而写出的作品。《称心如意》果然称心如意，写出后被搬上舞台，大获成功；当然，杨绛获得一笔不菲的稿费，生计之困窘得以缓解。拿到稿费后，杨绛请朋友们下馆子吃了顿好的，又为自己家买了一些酱肉。年幼的钱瑗已很久不知肉味了，高兴得吃完了肉又找肉。

《称心如意》之后，杨绛又一鼓作气接连写了剧本《弄真成假》《游戏人间》，都是喜剧，政治色彩很淡，巧妙地避开了日本人的干预和压力，又能让人发笑。

大抵天下所有的困难都可以用笑声解决。愁眉苦脸或垂头丧气都无济于事，为何不笑呢？在苦日子里笑出声，表示我们在漫漫长夜的黑暗里始终不曾丧失信心，在艰苦的生活里始终保持着乐观精神。这很重要，这是去往前路的光。

1949 年后，日子明媚起来。好光景没几年，"文化大革命"爆发了。1966 年 8 月 9 日，杨绛作为"反动学术权威"被"揪出来了"；三天后，钱锺书也被打成"牛鬼蛇神"。这对夫妻，每天上班都会各自在胸前挂个牌子，牌子上他们用毛笔工整地写着"资产阶级学术权威"等罪名；上班挨批斗，下班后他们手挽手肩并肩回家。

1969 年 11 月，钱锺书被下放到河南罗山县的"五七干校"劳动，又不久，迁至河南息县东岳"五七干校"；次年 7 月，杨绛也被下放到这里。

杨绛被分配在菜园班劳动，大多时候以菜园为中心早出晚归；钱锺书当时负责收取报纸信件，常常经过那片菜园。夫妻相逢，菜园是天堂。

风和日丽时，他们会在菜园里的渠岸上坐一会儿，晒晒太阳，说说话；有时站着说几句话，各自交换了写给彼此的信件，钱锺书就走了，杨绛送他走一段路，又匆匆赶回菜园。后来，杨绛在文章里这样写道："我

◀《我们仨》自 2003 年出版以来，至今已有 10 个版本，总发行量超过
100 万册。这是其中的三个版本。

们老夫妇经常可在菜园相会，远胜于旧小说、戏剧里后花园私相约会的情人了。"

苦难虽非乐事，但能者等闲视之。不悲冬风袭来一片萧瑟，不怨飞雪入窗月影婆娑，只要能和有情伴侣生死不弃执手相惜，愿静待燕回桃李花开满园春色。

人生百年，无非苦中作乐。

浩劫远去后，钱锺书、杨绛、钱瑗他们仨搬进了北京三里河一个属于国务院的宿舍小区，一家人安顿下来。先前失去了那么多自由光阴，如今获得新生，钱锺书、杨绛决定终日闭门自守，哪儿都不去，一心沉溺于自己的学问事业。

在回忆录《我们仨》中，杨绛娓娓道来："我们一生坎坷，暮年才有了一个可以安顿的居处。但老病相催，我们在人生道路上已走到尽头了。"

"一九九七年早春，阿瑗去世。一九九八年岁末，锺书去世。我们三人就此失散了。"

一个人要有多坚韧，方可如此风轻云淡地叙说切身之痛？

钱锺书自 1994 年开始住进医院，缠绵病榻；1996 年初，女儿钱瑗确诊已到肺癌晚期。钱锺书和钱瑗，两个人，两个医院；当时杨绛已八十多岁，她从这个医院到那个医院，穿越大半个北京城，来回奔波，照顾丈夫和女儿。

杨绛最后一次见女儿是 1997 年 3 月 3 日。次日下午，钱瑗去世。杨绛要在医院陪同钱锺书，只能在心里为女儿送行。她说女儿是她"平生唯一杰作"，这唯一的杰作离开了她，白发人送黑发人，她心悲痛不言而喻；更悲痛的是，她要装作若无其事，向丈夫隐瞒女儿离世的消息，称女儿依然安好。

钱瑗离开四个多月后，杨绛见钱锺书身体较先前有所好转，她花了一个星期，一点一滴地和丈夫说："圆圆（钱瑗乳名）现在没病了""她没痰了""她不咳嗽了、能安眠了"……

其实杨绛第一天小心翼翼地谈及女儿时，钱锺书心里已明白怎么回事，但到第七天杨绛明说钱瑗"她已去了"，钱锺书还是体温立即上升。

杨绛问丈夫："若我聪明点，能够骗过你吗？"当时已不能说话的钱锺书，摇了摇头。

杨绛又说："我要写一个女儿，叫她陪着我。"钱锺书点点头。

又一年后，钱锺书去了。临终时，钱锺书有一只眼睛未合好。妻子杨绛明白他心意，她附在他耳边轻声说："你放心，有我呐！"

其内心之沉稳和强大，令人肃然起敬。

杨绛曾说："锺书病中，我只求比他多活一年。照顾人，男不如女。我尽力保养自己，争求'夫在先，妻在后'，错了次序就糟糕了。"她做到了，"夫在先，妻在后"。

钱锺书去世后，她说她也想"逃走"。"但是逃到哪里去呢？我压根儿不能逃，得留在人世间，打扫现场，尽我应尽的责任。"

女儿走了，丈夫走了，杨绛在他们仨一起居住多年的房子里，开始"打扫现场"。

她整理钱锺书的手稿书信。钱锺书的手稿多达 7 万余页，涉猎题材之广、数量之大、内容之丰富，令人叹为观止。手稿随着主人多年颠

杨绛 1962 年在北京。

沛流转，从国外到国内，由上海至北京，下过干校，住过办公室，历经磨难，伤痕累累。纸张大多发黄变脆，有的已模糊破损、字迹难辨。整理起来十分辛苦。

杨绛说："他摆得一摊一摊的，他的乱虽然乱，但他自己知道什么东西放在哪儿，一拿就有。等到我来弄，就不知道了。有的东西拼得对上了，有的对不上，这样接起来费了不少时间。"但她有足够的耐心和细心，她将手稿、书信一张张轻轻翻开或揭下，缓缓抹平，粘补缺损，分类装订，认真编校、订正……2003 年，40 卷的《钱锺书手稿集》出版。

她曾对丈夫说，她要"写一个女儿"陪着她，她兑现了她的话，写出了长篇散文《我们仨》。扉页上一句"我一个人思念我们仨"，叫多少人读之潸然泪下。

在《我们仨》的结尾处，杨绛把自己比作一个日暮途穷的羁旅倦客——"家在哪里，我不知道，我还在寻觅归途"。

求真向善地活在这世故的世界

生活里，常有人说："做人不要太较真。"又或者说，"不和社会较真，因为较不起。凡事差不多就行了"。

不较真的人，大抵做不了杨绛的朋友。杨绛性喜求真。

且说感情吧。杨绛和费孝通曾同窗共读，费孝通对杨绛生了爱慕心，但杨绛从未回应他的爱。待杨绛和钱锺书确立情侣关系后，费孝通心气不平了，他径自来找杨绛，和她理辩，认为自己更有资格做她的男朋友，因为他们已做了许多年的朋友。

杨绛回应：你我做朋友，可以，但仅限于君子之交，而不是借此交往向男女的亲密关系过渡。换句话说，你不是我的男朋友，我不是你的女朋友。若有多余想法，我们不妨绝交。

好坦白！

样样事儿都要一清二楚才好。尤其男女感情，爱就是爱，不爱就是不爱。不必暧昧，不必含糊，彼此有度，皆大欢喜。

费孝通听得如此明白的拒绝，虽心内失望，但也无奈。男女恋爱，当以两情相悦为佳。他也是个清醒冷静之人，从此只当杨绛为好朋友，心间不可磨灭的爱且使其有礼有节地存在。

钱锺书也知费孝通爱恋杨绛，他从不以此为虑，因为他们都是君子。君子爱人以德。

当时费孝通在燕京大学求学。图为胸前别着燕京大学校徽的费孝通。

1979 年 4 月，中国社会科学院代表团访问美国，钱锺书和费孝通作为代表团成员，不仅一路同行，旅馆住宿也被安排在同一房间。不过，钱、费二人丝毫不尴尬，反而相处愉悦。费孝通送钱锺书邮票，提醒他记得写家书寄回国内给杨绛。钱锺书爱玩笑，打趣费孝通说："我们是'同情人'。"亦即"我们爱着同一人"。

费孝通晚年写文章，谈及自己的感情史，他称杨绛是他的初恋女友。后来有人以此向杨绛求证，杨绛直言：费孝通的初恋不是我的初恋。

这个女人对待感情的态度，用一句俗语来说就是，眼里揉不得沙子。是就说是，不是就说不是。她求真，也爱较真。

钱锺书去世后，费孝通去看望杨绛。白发人对白发人，几多感慨。但漫长一生回首去望，倒也风轻云淡，相顾无言，唯余一笑。半晌，费孝通辞别，杨绛送他下楼。在楼梯口，杨绛停住，她有话嘱咐费孝通，一语双关："楼梯不好走，你以后也不要再'知难而上'了。"

那一刻，费孝通如何想？大抵他是难过的了，但在难过里，他也愈发敬佩杨绛了。他的爱虽一直都囿于一隅，但他的确不曾爱错。她始终拒绝得坦荡透彻，这是她的智慧。

在翻译家叶廷芳看来，求真的杨绛，虽为柔弱女子但刚强如母狮。

"文化大革命"初期，有人写钱锺书的大字报，编造钱锺书的种种不是。杨绛为钱锺书叫屈，天黑下来的时候，她带着钱锺书，拿着手电筒和糨糊，将写好的一张小字报贴在大字报的边上。小字报上逐条澄清事实。

开批斗会时，红卫兵们在台上大声揭发批斗钱锺书，杨绛挺身而起，跺着脚，执着地反驳："你们说的不是事实！"

她不说假话，别人推过来的污蔑罪名她也坚持不认。这胆量，岂是人人都有的？

中国人素来爱谈"难得糊涂"，或"忍一时风平浪静，退一步海阔天空"。君子往来，"糊涂"或"忍、退"或可用得，但面对恶意攻击万万要不得"糊涂"或"忍一时、退一步"。要紧的是求真。

对恶意攻击让步，只会使无德无行者手段越来越肆无忌惮，如在灯火飘摇处又帮着吹灭灯火，世界只会更黑暗。

君子有所为，有所不为；君子者，担当也。

光明的世界永远需要有担当、敢求真的护灯使者或点灯人。

在晚年，杨绛说："我正站在人生的边缘上，向后看看，也向前看看。

向后看，我已经活了一辈子，人生一世，为的是什么呢？我要探索人生的价值。""我试图摆脱一切成见，按照合理的规律，合乎逻辑的推理，依靠实际生活经验，自己思考。我要从平时不在意的地方，发现问题，解答问题；能证实的予以肯定，不能证实的存疑。这么一步一步自问自答，看能探索多远。"

她在夕阳余晖中思考生命本源，思索天地生人的目的，思考天命大戒，吟唱生命之歌，她的灵性良心如清水般洁净、通透，散发着精粹的、最具人性的光辉。繁华尽落之后的真淳，生命最后状态里的饱满，是她留给世界的最美风景。

内心有深情的人往往恬淡

坚韧，勇敢求真，说起这么样一个人，会不会觉得是刺猬般的一种存在？

杨绛不是，她智慧而温厚，勤勉而恬淡。在所有入世的态度里，杨绛是最让人舒服的那一种。

北京三里河一个属于国务院的宿舍小区，全是三层楼的老房子，几百户人家中唯一一家没有封闭阳台也没有室内装修的寓所，便是杨绛的栖身之处。屋里，是水泥地和白石灰墙，非常过时的柜子、桌子，四壁朴素。没有书房，只有一间起居室兼工作室，也当作客厅，但每间屋子里有书柜，有书桌，所以随处都是书房。一些淡雅的花草，散摆在案头和阳台，给她带来一些春的气息。从 1977 年一家人搬进来，她就再没离开过。

中国总会计师协会前会长刘长琨住在杨绛家对门，有一次问杨绛：

"为什么不把阳台封起来呢？"杨绛回答得很干脆："为了坐在屋里能够看到一片蓝天。"

苏东坡有诗："惟有王城最堪隐，万人如海一身藏。"一个人如果要隐居，京城名利熙攘的人海就是最好的地方。杨绛称自己就是"万人如海一身藏"。

但隐身于世并不等于她"两耳不闻窗外事"。自女儿钱瑗、丈夫钱锺书去世后，杨绛开始独自一人全身心整理钱锺书的遗留手稿——她把这叫作"打扫现场"，每天的生活简单而规律，笔耕不辍，深居简出。2003 年，3 卷《钱锺书手稿集·容安馆札记》出版；2011 年出版 20 卷《钱锺书手稿集·中文笔记》。

在整理编订钱锺书遗稿之余，杨绛亦不忘自己的创作。2000 年，杨绛翻译出版了柏拉图的《斐多》篇。虽然篇幅仅有 6 万字，却是完成了对话录中公认最难翻译也最负盛名的一篇。1999 年 12 月 18 日，杨绛完成翻译并写下《斐多》的译后记。而在前一年，1998 年 12 月 19 日，杨绛失去了灵魂伴侣钱锺书的生命陪伴。她在翻译中学会理解智者的"向死而生"，通过重述苏格拉底关于"灵魂不磨灭，灵魂不朽"的对话，来缓解、安抚伴侣留她孤图在世的痛楚。"柏拉图的这篇绝妙好辞，我译前已读过多遍，苏格拉底就义前的从容不惧，同门徒侃侃讨论生死问题的情景，深深打动了我，他那灵魂不灭的信念，对真、善、美、公正等道德观念的追求，给我以孤单单生活下去的勇气。"

2003 年 6 月，杨绛出版长篇家庭纪事散文《我们仨》，其真挚的情感和优美隽永的文笔深深打动读者。这本书成为 2003 年的超级畅销书。

2014年8月，103岁的杨绛出版新书《洗澡之后》，这是杨绛在98岁后为其小说《洗澡》所写的续作。

与《洗澡》相比，《洗澡之后》人物依旧，但故事有所不同，《洗澡》中有纯洁感情的男女主角，在《洗澡之后》终于有了一个称心如意的结局：许彦成的妻子杜丽琳因在鸣放中积极表态，被打成"右派"，下放劳动过程中与同为"右派"的叶丹产生了感情。回京后她主动提出与许彦成分手，使两个人的精神都得到了解脱，各自找到了称心的感情归宿。

杨绛先生在《洗澡之后》前言中说："假如我去世以后有人擅写续集，我就无法阻挡了。现在趁我还健在，把故事结束了吧。"这部续作，是她对自己喜爱的角色一个"敲钉转角"的命运交代和分配。

也是在2014年8月，9卷本《杨绛全集》出版。《杨绛全集》共270多万字。

人民文学出版社的一位编辑说，晚年的杨绛"完全可以享受盛名而不再作为，但她从来没有停止过思考和对文字的笔耕"。

有一年，杨绛的新著出版，出版社有意请她"出山"，召开作品研讨会。对此，杨绛坦陈："我把稿子交出去了，剩下怎么卖书的事情，就不是我该管的了。而且我只是一滴清水，不是肥皂水，不能吹泡泡，所以开不开研讨会——其实应该叫作检讨会，也不是我的事情。读过我书的人都可以提意见的。"她谢绝出席。

与钱锺书一样，杨绛也是出了名的不喜欢过生日。晚年，逢着生日，她为了逃避打扰，总会短暂地离开寓所，找个招待所住几日，避开那些

杨绛曾经就读的振华女子中学，章太炎、蔡元培、李根源、竺可桢曾是该校的校董，费孝通、何泽慧、杨绛等曾在此求学。现为江苏省苏州第十中学。

热情地前来为她祝寿的人。

简朴的生活，才是最美好的生活。

世界上能真正体会生活之美好的人，往往是天真的孩子和看透世事的老者。孩提时代天真快乐是因为孩子想得简单，老年人宁静安详是因为他们领悟了人生的真谛。

曾有记者问杨绛，独自生活中有没有什么问题需要帮助解决？她说："最大的问题就是打扰特别多，尤其是电话太多，我真担心自己的时间是不是就这样会被消耗掉。你能不能代我转达给那些想来采访或看望我的朋友们，杨绛谢谢他们的关心，但千万不要过来看我。你想，即使大家来了，就算同我聊了一天，又能怎么样？我们也不可能只凭这一天交谈就成了朋友吧，还是请大家给我留些时间吧，那样我写些文章出来，大家看到后就权当成我写给大家的一封信吧。"

她静悄悄地隐身，又在静悄悄地影响着这个时代。

杨绛身体力行的生活方式，恰应了在这个物欲横流的社会，在这个多元化的消费时代，越来越多人越来越趋于的一种自我选择：用"断舍离"的生活理念，成为一个极简主义者。删繁就简，留下初心；放弃不能带来效用的物品，控制徒增烦恼的精神活动，简单生活，从而获得最大的精神自由，轻松愉悦地生活。

杨绛翻译过英国诗人瓦特·兰德的一首诗，这亦可看作是杨绛的心语：我和谁都不争，和谁争我都不屑；我爱大自然，其次就是艺术；我双手烤着生命之火取暖；火萎了，我也准备走了。

内心有很大深情的人往往恬淡。在杨绛身上，人们往往忘掉时间的残酷：一百多年无情而漫长，而这位女性始终一如既往的柔韧、清朗、独立，充满力量。

忽然想起杨绛说过这样一件事：她读高中时，国文老师在班上讲诗，也命学生读诗。她的课卷习作曾被校刊选登。一篇《斋居书怀》写得有模有样，"世人皆为利，扰扰如逐鹿，安得遨游此，翛然自脱俗"。老师批——"仙童好静"。

张充和：
绚烂寂静桃花鱼

张充和（Ch'ung-ho Chang Frankel，1913 年—2015 年），旅美著名艺术家。祖籍合肥，1913 年生于上海。"合肥四姊妹"之小妹。早岁师从朱谟钦学古文及书法。16 岁从沈传芷、张传芳、李荣忻等学昆曲。1934 年以数学 0 分、国文满分考入北京大学中文系。抗战爆发，转往重庆，研究古乐及昆曲曲谱，并从沈尹默习书法。胜利后，于北大讲授昆曲及书法。1948 年与汉学家傅汉思（Hans H. Frankel）结成伉俪。1949 年移居美国，在耶鲁大学教授书法 20 多载，并于家中传薪昆曲，得继清芬。2015 年 6 月 18 日凌晨，在美国家中去世，享年 102 岁。

一袭月白衣裳。云髻高耸。向着云天渺渺处，她手执团扇长身玉立，轻盈，柔美。几叶芭蕉，疏放若树，又似远方来的佳人，宽袍大袖，风中自在，寂静，妖娆。

这美好景象，是一幅画。

画名《充和曲影》，张大千绘。

张大千擅山水、人物，又精于花鸟、走兽；人物画里，其仕女图尤为人称道。张大千自云："眼中恨少奇男子，腕底偏多美妇人。"

《充和曲影》中的美妇人，正是张充和。

那是1938年，张充和在成都，有一日，去访张大千。谈至兴浓，张充和唱了一段《思凡》，曲词典雅、行腔婉转。张大千听得欢喜，泼墨挥毫当场画下《充和曲影》。

画人物，贵在传神；传神的基础是写形，形是神的载体。写五官而传神已是了得，由背影传神更是了得。《充和曲影》里，张大千只画了张充和的背影，在腰背间着笔，传出她婀娜意态。

张充和对这画也喜欢。观画，她又特意甩水袖做了一个身段，问张大千，画的是不是这身段？张大千笑着点头。

当时，张大千还为张充和画了株水仙。大抵在他看来，张充和美似水仙。水中仙子素衣裳，盈盈仙骨在，清香自信高群品。

水仙的美，张充和有。

但在我看来，张充和更像桃花鱼。

桃花鱼，形似桃花，灿若桃花，桃花开时生，桃花谢时去。桃花鱼不是鱼，是一种神奇又珍稀的水母，一生在水，悠悠然。

张充和一生亦灿如桃花，书法好，昆曲好，诗词也是个好。这么一个好人儿，其一生爱好是天然，不动声色地美着。像极了桃花鱼，宁静，惊艳。谁要赞美，由他赞美，而她在远处，悠悠然过着自己的生活。来了又去了，风过水无痕。

活着就是为了玩

世间可下酒的东西有不少。为吃酒而吃酒的，炒几盘荤或素的菜，或一碟花生米，已是好。风雅一些的，煮一壶月光下酒。作家董桥另得新趣，他说张充和的毛笔小楷漂亮得也可下酒。

张充和的书法的确好，结体沉熟，骨力深蕴，笔笔熨帖，字字生姿，清淡之中流溢高雅气质。人们赞她是"当代小楷第一人"。又有人说，看了张充和那娟秀端凝的字，始知自己从未扎好书法根基。

生于书香门第的张充和，其父是民国知名教育家张冀牖（又名张武龄），但张充和习书法缘起于叔祖母识修。

张武龄，张充和之父，近代教育家，创办乐益女校，聘请张闻天等教学。

识修是晚清名臣李鸿章的侄女，嫁晚清淮军将领张树声的次子张华轸为妻；张树声是张充和的曾祖父，张华轸是张充和的叔祖父。识修不是大家闺秀李氏的本名，而是其皈依佛门后的法名。识修无后，在张充和八个月时，抱养张充和。

为培育张充和，识修可谓用尽心力。她花重金聘请私塾先生，感觉不合适的便辞退，遇见良师则以重金留下。前前后后请来的先生里，可谓各有所长，有个长于诗词歌赋的，还曾中过前清举人。影响张充和最大的，是书画名家吴昌硕的高足朱谟钦。朱谟钦是考古学家，国学底子好，又长于书法，真草篆隶皆能。识修很是厚待朱谟钦，每年支付其薪水高达 300 块银圆。

朱谟钦教张充和读古书、读古文，又教她作诗、对对子。张充和的书法启蒙也得益于朱谟钦。那时候，颜真卿《颜勤礼碑》刚出土，朱谟钦把新拓的拓片一条条剪出来，为张充和做成字帖，要她临写。后来，张充和每过几年都要临一次《颜勤礼碑》，直至暮年。

抗日战争爆发后，张充和流落重庆，也是在重庆，她结识了书法家沈尹默，并拜沈为师。

沈尹默是个有趣的老师。他对张充和说："我只教你方法，但你不要学我的字。"

收了个学生，却不要学生学他，奇怪吗？不奇怪。世界上有一个沈尹默已是好，不需要再复制一个沈尹默出来；要紧的是，帮助张充和找到张充和，使张充和成为更好的张充和。这老师了得。

沈尹默要张充和临古人字帖，开了十几种字帖给她，以博学众家之长，吸收并融会贯通，开创自己的道。

许多年后，张充和谈及沈尹默对她的影响时，这样说："他让我把眼界放宽了。"眼界宽广方能与众不同。

沈尹默习惯早起临帖练字，一练就是几个小时。这习惯也传给了张充和。她去哪儿都会带着字帖，闲来无事便磨墨写字。

张充和书法好，但她写字多为自娱，很少卖字。有人来求字，倘若碍于情面推拒不了，她会费尽心思打腹稿，酝酿多时才展纸搦笔写了又写，试了又试，直到写出气势，排好布局，这才浓墨淡出，一挥而就。作家董桥称她是"老谋深算"，又说她"写字实难"。

难得如此"老谋深算"，如此郑重其事，又如此自出机杼。

你去看当今书坛，有些所谓的书法家，提笔便是"观海听涛""厚德载物""天道酬勤""上善若水"，翻来覆去地写，写得像是一次次在复印。真是随意得无趣。

中国高等学府第一位书法艺术教育博士生导师、书法家欧阳中石赞张充和："不是一般意义上的书家，而是一位学者。无论字、画、诗以及昆曲，都是上乘，格调极高。"

人人赞张充和字写得好，张充和却说虽然她对书法有种宗教般的热爱，但她写字就是为了玩玩。"我写字、画画、唱昆曲、作诗、养花种草，都是玩玩，从来不想拿出来给人家看。"

活着就是要会玩。

玩，不是无事可做、一事无成，也不是玩物丧志，而是认真地去做一件事情，做事，找乐，养心，自在。玩，是人生的一种境界。所谓品玩人生，大抵如此。

张充和玩书法，玩的是修身养性。书法是修身养性的佳品。一个个汉字，一管柔软毛笔，在宣纸上，浓淡相间，纵横交错，满纸烟云，又取舍有度，松弛得当。这是在写字吗？是的。却也分明是在写生活的智慧。

人生就是在密不透风的生活里，寻得闲适，超然物外。

写字是为玩玩，张充和写出了境界，成为一代书家；唱昆曲，张充和也是为了玩，又玩出了境界，在百年昆曲发展的历程中，她的名字常与俞振飞、梅兰芳等大师的名字连在一起。

初学昆曲，缘起张父张冀牖。

十六岁时，叔祖母识修去世，张充和回苏州，随父亲生活，就读于父亲创办的乐益女中。那时候，姐姐张元和、张允和、张兆和都去上海

张武龄的子女：前排从左依次为张充和、张允和、张元和、张兆和。
后排从左依次为张宁和、张宇和、张寅和、张宗和、张定和、张寰和。
拍摄于抗日战争胜利之后的上海。

读大学了，家中女孩子就只剩下张充和，闲来无事，她就跟着学校的昆曲课学昆曲。

父亲还常带她去戏园听昆曲。她发现，许多曲本她先前都读过，总能在很长的戏里一下就辨识出她读过的一幕，或在一个唱段里认出她熟悉的词句。这种似曾相识的感觉，更使她热爱昆曲了。见她如此迷恋，父亲特意又请了清末苏州昆班名角沈传芷单独教她。

如果说书法是独处的艺术，那么，昆曲则是众乐的艺术。张充和却不爱扎堆。她曾说："她们喜欢登台表演，面对观众；我却习惯不受打扰，做自己的事。"相传，在苏州拙政园居住时，她最爱在夜晚一个人荡漾兰舟唱昆曲。

我们或许可以想象：明月皎皎的夜晚，在水一方，伊人清丽如月，舞水袖，轻启朱唇，唱腔华丽婉转，念白儒雅；她的观众是清风是星月，风为她温和，星月为她从容。那样的夜，恬淡，闲适，世间所有的静好皆安放于此间。

有句话说："你人不在江湖，江湖却一直有你的传说。"张充和即是这般。汪曾祺在回忆西南联大往事时，如此写道："有一个人，没有跟我们一起拍过曲子，也没有参加过同期，但是她的唱法却在曲社中产生很大的影响""她唱得非常讲究，运字行腔，精微细致，真是'水磨腔'。我们唱的'思凡''学堂''瑶台'，都是用的她的唱法。她唱的'受吐'，娇慵醉媚，若不胜情，难可比拟"。

张充和并非从不登台。抗战爆发后，张充和去了陪都重庆任职于教育部音乐教育委员会，在这期间，她曾登台主演昆曲《游园》《惊梦》，惊艳重庆。这《游园》《惊梦》，时隔46年后，即1986年，为纪念汤显

◀苏州拙政园一景。

祖逝世三百七十周年，她自美国回北京，和大姐张元和又演了一回，她演杜丽娘，大姐演柳梦梅，水袖轻舞，清音婉约。台下有位日本观众看哭了，他说，这是大家闺秀演绎大家闺秀的传奇，精彩、传神。

这就是功夫。不鸣则已，鸣则艳惊四座。

三姐夫沈从文如此称赞四妹张充和："昆曲当行，应以张四小姐为首屈一指，惜知音者少，有英雄无用武之感。"素来致力于中国昆曲研究的余心正说："人家唱得好是金嗓子，张充和是钻石嗓子。"

依着张充和的昆曲造诣，她的昆曲之路本可行得更深远，声名和地位更隆盛。但她无意于此。移居美国多年后，她在耶鲁大学讲授中国书法，传播昆曲，又倡议旅居美国的昆曲爱好者在纽约成立海外昆曲社，人们赞誉她为"西方世界中的东方风雅守夜人"。她愿意做舟做桥，将中华传统文化渡去海外，舟桥不张扬，只安安静静地做舟做桥。

写字，只管去写字。张充和晚年好友、耶鲁大学教授苏炜说，张充

耶鲁大学东亚图书馆，门楣上的"东亚图书馆"五字由张充和书写。

和喜用清水在纸上写字为人教授书法，有学生劝她，莫用水写，第二笔还没落下，第一笔已消失不见，留不得痕迹。张充和听了，不高兴。她说："你们的心不在写字上。写字就不要想那么多。"

唱曲，只管去唱曲。自家心中明白格律，有节度，不必和人一起拍曲。

太讲究形式，便失了自在。真的学佛修禅，哪里需要死守戒律，佛在日常生活里，禅在一茶一饭间。一切修行，皆为得自在，水流花开，风清月朗。

有一回，丈夫傅汉思买了个裱盒，张充和生出兴致将这裱盒改装成一个仿古的墨盒。好友余英时来访，张充和拿给他看，又说："你看，我多么玩物丧志！"余英时答："你即使不玩物，也没有什么志啊。"张充和听了大笑不已。

余英时曾称，张家四姐妹里他"闻名最早、相识最久、相知最深的则是充和"。的确，若非深知张充和真性情，怎说得出如此透彻又不失幽默的话？

"没有什么志"的张充和，请人刻过一方印，印文为"一生爱好是天然"。这七字出自《牡丹亭》中杜丽娘的唱词。用在张充和身上真妥帖。

也正是这么一种活法，张充和活出了她自己的味道。醉心书法，醉心昆曲，不问名利，但后人说小楷论昆曲又都绕不开"张充和"这个名。正所谓：无为无所不为，有为有所不为，不争自有成。

张充和还常说："我这辈子就是玩。"观其一生，称其为"大玩家"或不为过。但她的玩是以博通百家为基底，在中国古典艺术世界中，她通经、史、诗、文，亦通书、画、戏曲、音乐，沈尹默赞誉她"无所不能"。

博通诸艺，开了千门万户，见前人，后见自己，乐游于艺。何谓游于艺？孔夫子认为，人之习于艺，如鱼在水，忘其为水，斯有游泳自如之乐。

玩，是南南北北东东西西走遍后，而进入的一种境界，一种诠释，一种了知，抑或也是一种彻、悟、觉。

活着就是为了玩，要好玩地活着，玩出智慧，活出趣味。声色饕餮，感官享乐，那不叫玩，那是浮生虚度。

余英时说，张充和长期"游于艺"，在"游于艺"的过程中，将心体磨炼得晶莹澄澈。

真好，随性随缘，自在自适，自我圆满，淡泊而优雅，深情而节制，如此活着，真好。

闺秀的洒脱

张充和一生凡事随性随缘，婚恋亦不例外。

在她一生中，关于婚恋，先后出现过两个男人。一个叫卞之琳，另一个是傅汉思。一个，她淡然以待；另一个，她与之静守岁月。

卞之琳，傅汉思，这两个男人皆因张充和的三姐夫沈从文而来。

诗人卞之琳和沈从文交情甚密，常去沈家玩，而张充和常常住在沈家，两个人便遇着了。

卞之琳苦恋张充和，几乎是当时文学圈公开的秘密。哪怕在今时今日，后人说起张充和，或谈及卞之琳，总要扯出"卞张之恋"。

张充和不认卞之琳"苦恋"的说法。许多年后，友人苏炜向张充和探询"卞张之恋"始末，张充和说："说'苦恋'有点勉强。我完全没有和他恋过，所以谈不上苦与不苦。"但她承认，卞之琳写给她的情

◀1930 年代的卞之琳

书，多达数百封，她拆了看了，也就随手丢了，从未回应。

她不喜欢卞之琳。这个诗人，性格敏感优柔，又不太合群。那时候，进出沈从文家的有许多年轻人，大家一起谈笑，卞之琳从来都在热闹之外。张充和不喜欢。她性情直率简白，爱和爽朗的人往来。

人人都知道，卞之琳诗写得好。为人熟知的《断章》，是卞之琳为张充和而写："你在桥上看风景，看风景人在楼上看你。明月装饰了你的窗子，你装饰了别人的梦。"

那年人生初见，卞之琳23岁，张充和19岁。他去沈家，见几个人聚在一处说笑，其中有个姑娘，在人群里最明亮。他的心似幽深院落，忽然照进一束光。很多很多年后，人间传唱一首叫《传奇》的歌谣，大抵很能诠说卞之琳当时心情："只是因为在人群中多看了你一眼，再也没能忘掉你容颜。梦想着偶然能有一天再相见，从此我开始孤单思念。想你时你在天边，想你时你在眼前，想你时你在脑海，想你时你在心田。宁愿相信我们前世有约，今生的爱情故事不会再改变。宁愿用这一生等你发现，我一直在你身旁从未走远。"

她似一粒种子，种在他心。然而，命运的手翻云覆雨，才子有心，佳人无意。感情的事，如鱼饮水冷暖自知。卞之琳明白，张充和虽然值得珍惜，但也只能任其消失。至于原因，卞之琳在《〈雕虫纪历〉自序》中坦言："由于我的矜持，由于对方的洒脱，看来一纵即逝的这一点。"

况且很快又来一场别离，二人天各一方。若故事就此结尾，或许也是不错，亦无后来种种传说。偏偏不。人生多的是别离，又多的是重逢。卞之琳回忆说："事隔三年多，我们彼此有缘重逢，就发现这竟是彼此无心或有意共同栽培的一粒种子，突然萌发，甚至含苞了。我开始做起了好梦，开始私下深切感受这方面的悲欢。隐隐中我又在希望中预感到无望，预感到这还是不会开花结果。"

再相逢，张充和的心，对卞之琳并无开出欢喜的花。爱，贵重又微妙。一双男女，或可一见钟情，或可日久生情；最惆怅又真实的是，无论如何低眉抬眼见，无论如何兜兜转转，不喜的始终不喜，不爱的始终不爱，苦了那一厢情愿满心喜爱的一方。

张充和不认她和卞之琳有苦恋，而恋着她的卞之琳，却苦。她在桥上，他在楼上，她看大千世界旖旎风景，而在这世界，他最迷恋的旖旎风景是她；她有明月，有无尽繁华盛世，而苍茫弱水里，他只取她一瓢饮，遗憾却是，多情总被无情恼，她只殷勤出现他梦中。

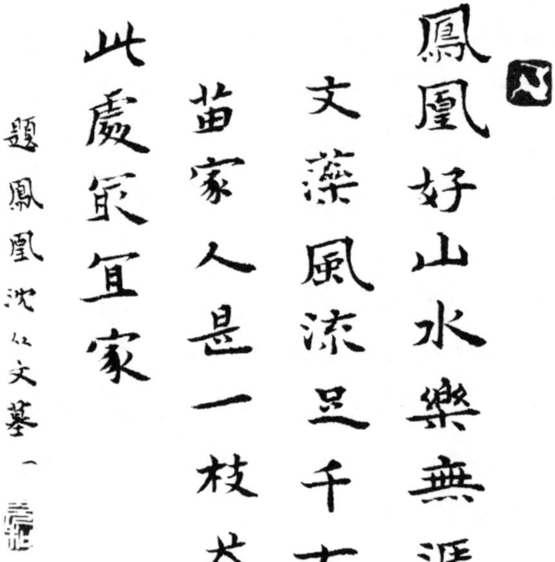

鳳凰好山水樂無涯

文藻風流亘千古

苗家人是一枝苍

此處民宜家

題鳳凰沈从文墓一首

1993 年，张充和访凤凰为沈从文扫墓时所题，共五首，此为第一首。1988 年沈从文去世，安葬于湘西凤凰，墓碑上张充和撰写的"不折不从，亦慈亦让；星斗其文，赤字其心"是对他一生精炼的概括。

他为她写过很多诗。她本来很美，在他笔下，她更美。他说她的笑是山中的一道小水，是屋前屋后的春潮，是南村外一夜里开齐了的杏花。有天，她对他笑了，他欣喜地记下，说，今朝收你两朵微笑。一想起她，他便似看见鸢飞鱼跃，青山青，白云白。但他也只是遥远地暗暗地想想罢了，他太过矜持，纵使心内百转千回他也没个胆量对她讲。

倘若他勇敢一些呢，张充和会不会就接受了他？然而他的诗，张充和也看不上，说是"缺乏深度"。

既然有种种不喜欢，张充和为何不直接拒绝卞之琳？很多年后，话说当年事，苏炜真的将这问题抛给了张充和。她答："他从来没有说'请客'，我怎么能说'不来'。"是啊，他爱她，却从来不明明白白对她表达。他写给她的情书，也从来都是云遮雾罩，谈遍所有的春花春潮青山白云，只不肯将"我爱你"三个字简简单单敞敞亮亮地说出口。

他不说，她也什么都不说，青山青，白云白，大大方方地和他做朋友。

傅汉思不同于卞之琳。

德裔美籍犹太人 Hans Hermannt Frankel，中文名叫傅汉思。第二次世界大战后，傅汉思受胡适邀请，到北大教授西方文学。一开始，傅汉思出入沈家，是为向沈从文学习中文。但是，在沈家遇见张充和后，连沈从文都发现傅汉思醉翁之意不在酒了，于是，傅汉思再进门，沈从文就朗声呼唤张充和："四妹！找你的！"这是 1947 年的事。

1947 年，张充和 33 岁，傅汉思 31 岁，一个未嫁，一个未娶。

女子 33 岁却未婚，放在今天，也是不敢想的。女子不着急，女子的父母想必也急得朝朝暮暮长吁短叹了。更有闲人要指手画脚说三道四了，"剩女"的帽子也戴得结实。

大龄未婚，张充和一点都不急躁。

她才不急不躁呢。并非生性如此。是她灵魂独立，又经济独立。

二十岁左右时，张充和就将许多人一生都未能活明白的事儿琢磨透彻了。什么事儿？"在这个世界中寻找自己。"她说，"人人都有他完整的性格"，这很重要很珍贵。遗憾的是，许多人"因为许多个不同的社会、许多个不同的环境，把他有棱角的水晶体的性格磨成圆圆的鹅卵石了，把完整的、浑厚的性格，剪成破碎的、浅薄的性格了"。她才不要活得那么破碎，她要做自己。为自己而活，为自己所热爱的而活，一切都是从心所欲，自由得像一只小鸟，轻快得像条游鱼。

有如此独立之灵魂，怎会因闲人三言两语而乱了自家分寸？

再说经济独立。叔祖母识修去世后，为张充和留有遗产，这是一；其二，张充和教书、写作，自己很有赚钱买花的能力。她不缺钱。住在沈家，三姐夫沈从文爱好古玩但手头不充裕，有时便找她借，或鼓动她代为收买。

思想独立、经济自由的张充和，会随随便便找个人随随便便将自己嫁出去吗？一辈子很长，婚姻容不得将就，要十分讲究，结一份两情相悦的情，皆大欢喜过一生。

她不着急结婚，她的父亲张冀牖更不着急。张父是开明人，他说："儿女婚事，他们自理，与我无干。"

由着自己性子自在生活的张充和，唱唱曲，写写字，种花，画画，作文，安安静静地等更好的人更好的生活进入她的世界。

傅汉思来了。

傅汉思了得呀，毕业于斯坦福大学，读的是古典语言文学，喜爱中国文化，精通德语、法语、英语、意大利语、西班牙语等多国语言。最好的婚姻是精神上的门当户对。傅汉思遇着张充和，张充和逢着傅汉思，可谓棋逢对手、势均力敌。

面对爱情，傅汉思不同于卞之琳。傅汉思爱得直接爽快。张充和说："汉思当然是很主动的，我发现他人不错，很老实，也很热情开朗，我们就这样交往起来了。"一年后，即1948年11月19日，张充和嫁傅汉思，这年她34岁。1949年1月，张充和随傅汉思移居美国。

真洒脱！

诗人追求她十多年，她看不上，便心神静如止水；对的人出现了，她利落地恋爱，利落地结婚，嫁了"洋人"又随"洋人"去了异国，这一切的发生前后不过一年。

后来人喜欢赞誉她是"传统的闺秀"，大抵是因她在中华传统文化的路上走得深远。但从婚恋观来看，她一点都不传统，在当时中国着实堪称前卫。即使今日之中国，又有几个大龄未婚女子似她淡然优雅？

先前那些年，哪里是不想结婚，又岂是结不了婚，是她珍重自己，宁缺毋滥，恰巧单身。一个人生活，她心系当下，自在安详，将日子过成锦簇的花；见着了合适的伴侣，让爱发生，该开花的开花，该结果的结果。

她活得真好看。

长得好看是幸事，活得好看是本事。

女子当温柔且坚韧

随傅汉思去美国生活，有很长一段日子，生活并不如意。傅汉思在加州大学伯克利分校做兼职教员，张充和在伯克利东亚图书馆做管理员，日日早出晚归，收入却不高。生活最困窘之时，张充和甚至痛心卖出了她珍藏多年的十块古墨，得了一万美元，维持生计。

成人的生活里本来就没有"容易"这两个字。

咀嚼着谋生的辛酸，张充和也曾想过回国。但斟酌一番后，她放弃了这念头。傅汉思是独子，其父母年事已高，她不好提此事，"我虽然想家，但不比他们父母之望子"，并玩笑说自己是"温情主义"。选择之中见担当。

1956 年，张充和、傅汉思抱养了一个男孩，取名傅以元；1960 年，又抱养一个女孩，取名傅以谟。傅汉思要外出工作，张充和一人照顾两个孩子，又要料理烦琐家务，更没了自主的时间。她致信弟弟张宗和："我的生活可说是又单调又复杂，每天从早起差不多是同样的事，到晚上喘一口气，回想这一天又过了，也是怅然，有时想画画写字，想做诗词，全是在想，时间打杂打了。到了晚上身体累，再提不出劲来为自己做事。"又写道，"他们午睡及晚间上床。汉斯得赶工作（写作），我得赶家事，缝缝补补，永远完不了。想想大大当初九个孩子也没有如此之忙，即使高干夏妈等也不会有如此之忙，因为从买办起到洗碗其他事如做园子，搬重，做裁缝，做自来水工人……都得做。"如此这般，她由不得感叹："真是诗情画意不能与居家过日子相提并论。"

生活容得了偶尔抱怨，但太阳升起，生活继续。

与疲惫生活的温柔交锋，是身处纷纭俗务而不被其淹没，总能投入足够的热情找到一个出口，让灵魂诗意栖居，自由呼吸。

张充和种菜种花。种菜是因市场上蔬菜价贵又不新鲜，索性就自已骑自行车去山坡上开土种地。种花是她本有的兴趣，先前是种闲情，如今日子汲汲营营，种花是在生活的罅隙中栽种诗意，滋润灵魂，得些恬淡清欢。

书法从不落下。张充和说："在图书馆我立下规矩，连英文也是毛笔，总算还会拿毛笔。"

倘若说张充和一生有一双翅膀，书法应为其一，另一只便是昆曲了。在给弟弟的家书中，她这样述说日常："我做家事，一面唱曲子，而且吊嗓子，不然我哪有工夫唱，每出戏至少也是十五到三十分钟。做细点事便唱细曲子，如《牡丹亭》，若拖地板扫地便唱《刺虎》《断桥》一类的曲子。"

她还亲手制作昆曲戏服、团扇，又制笛、刻章、做砚台。有人问她，如何能既照顾家庭又得闲趣，她答："惟忙者能乐此，不忙者惟有此不乐也。"

心静，人定，忙里偷闲，苦中作乐，得真闲趣也。

傅汉思说起张充和，不无赞誉。他在给妻弟张宗和的信上说："充和很善于弄一个家。"又说她"也很会算，不会乱花钱"。傅汉思怎会不赞张充和？从1949年回美国，一直到1959年，整整十年，傅汉思没得到一份全职的工作。张充和说："那时候我们生活很穷，没什么钱。"当然，她知道问题卡在哪儿。傅汉思要想在大学全职任教，须有博士学位。读书时，傅汉思曾在加州大学伯克利分校先后获得西班牙语硕士学位、罗曼语博士学位，但回到美国后，他不想再做罗曼语了，想转向中文。要转一个专业方向，没那么容易。张充和鼓励傅汉思："我做事吧，你再去读一个中文的 Ph.D！"在伯克利东亚图书馆，张充和做了八年全职图书管理员，直到 1959 年傅汉思在哈佛大学获得中文博士学位，又在斯坦福大学谋得正式教职，教授中国文学。生活趋于稳定，家中又有孩子需要照顾，张充和辞去图书馆的工作。但两年后，傅汉思去了耶鲁大学任教，张充和又出来做事了，她去了耶鲁大学艺术系兼职教授中国书法，直到 70 岁退休。

这位从小在奶妈和保姆怀里长大的张家四小姐，在异国异域与夫婿一起白手起家，抚育教养一对儿女，其间经历了何等艰辛，可想而知。

她如此温柔如此坚韧。过得了琴棋书画诗酒花的生活，对付得了柴米油盐酱醋茶的日子，能享受最好的，也能承受最坏的，真佳人也。

谁说佳人只合住云端？在滚滚红尘里，染尽世俗尘埃，却清风朗月地活着，有声有色有情有趣，是为真佳人。

后人给了张充和许多名头，譬如"民国时代最后的才女""最后的闺秀""世纪才女"等等，我认为，在这些名头前，应先为张充和添个"生活家"。

何为生活家？将自己沉浸在俗世生活中且充满情趣，无论在何种境地都能神定气闲地做生活的主人，好好生活，把油盐柴米的日子过成诗。

但凡大家，必是洞察生活又会生活的大生活家。

大生活家张充和可不是一味地恬淡随和，"淡"是她的灵，"真"是她的魂，她是个有锋芒的人。藏器于身，待时而动。

第一次登台唱昆曲，张充和 21 岁，在上海兰心戏院演《牡丹亭》的《游园》《惊梦》和《寻梦》三出。张充和演杜丽娘，大姐张元和演柳梦梅，苏州女子李云梅演春香。李云梅长得标致，热爱书画和昆曲，又有极高的艺术天分，张充和很喜欢她。但李云梅在当地名声不佳，是著名画家吴子深的下堂妾，有些人看不起她。曲学大家王季烈听闻张充和要和李云梅同台演戏，很是反对，特意让张宗和转告姐姐张充和：千万不可让李云梅参加那次演出。张充和响亮地回话给王季烈："那么就请王先生不要来看戏，但李云梅一定要上演。"真是有侠骨者不在年高亦不分须眉红颜。

优秀的人总会带点锋芒，这锋芒并非是为持刃致人以伤害，而是忠于本真忠于自由，不人云亦云。

张充和不喜欢林徽因。"林徽因，大家都喜欢她。在昆明的时候，她爱说话，永远是众人的中心，只要有她在，大家就得都听她的，没有别人说话的时候。"她说，"大家都喜欢，我未必就喜欢呀。"

敢于不喜欢"大家都喜欢"的林徽因，她也敢于喜欢口碑欠佳的陆小曼："我对陆小曼，却有不错的印象。她人很温雅，话不多，也会唱曲，一笔山水花鸟画，画得很像样子。"她不管人们怎么评说陆小曼的婚恋是非，她只看见陆小曼人雅曲好画好。

再如刘文典。众所周知，国学大师刘文典很是瞧不起张充和的三姐夫沈从文，听说沈从文评了教授，刘文典大骂道："在西南联大，陈寅恪才是真正的教授，他该拿400块钱，我该拿40块钱，沈从文该拿4块钱。可我不会给他4毛钱！如果沈从文都是教授，那我是什么？我不成了太上教授？"依着常情，有人如此羞辱自己的亲属，张充和应心中不喜欢才是。但张充和甚是冷静，她说，刘文典是个喜欢逾矩的人，他的生活方式夸张，常发怪论，他甚至连自己都看不顺眼，那么其他人

尋幽不覺入山深翠霧籠寒月
半明細細清泉漱夢太沉沉夜
色壓肩行十分冷淡存知己一
曲微茫度此生亦可逢場燈可
盡空明猶喜一潭星
尋幽

《寻幽》，作于抗战结束后。其中"十分冷淡存知己，一曲微茫度此生"句，张充和还专门写成隶书对联，颇能代表她的人生态度。

又何必跟他较真呢？

看，这女子，她就是如此与人不同。她忠于本心而活，敢于不同，有温柔的坚韧，有智慧的锋芒。

桃花开落，桃花鱼来去

70 岁生日时，张充和将自己的得意诗句"十分冷淡存知己，一曲微茫度余生"写成隶书对联。在她一生，她的昆曲雅韵为她引来不少知音人，但她到底生活随性。随性的人往往做不来世俗的热闹。她爱饱蘸清水写字，写的过程就是消失的过程，如飞鸟掠过天空，不留痕迹。英国诗人济慈的墓志铭是："这里长眠着一个人，他的名字写在水上。"张充和何尝不是一个"把名字写在水上"的人呢。

她精于昆曲，却不喜欢登台演出；她书法好绘画好，一生也不过只办过一次展览，出过两部书法集；她文章写得好，却随写随丢，一生中从未主动出版过任何著作。

她无意于将作品传世，做什么都是随兴而至，她说她一辈子就是玩玩。

《小园即事：张充和雅文小集》一书的编注者、历史学者王道，认为张充和是一位"退步者"，"她退得很早，从年轻时就开始退了，人家都忙着赶超时尚、潮流，她却不紧不慢地，甚至退回到中国古典文化和传统中去"。

是的，和熙熙攘攘急着前行的时人相较，她是一个退步者，在美国生活了大半个世纪，但她一直保持着传统中国文人的生活方式，写字，绘画，写诗，教习昆曲，小园里种花种菜。她的生活，是我们失落的诗

清華大學國學研究院

文和

意和优雅。

和她相比，我们太着急，太爱进步，太喜欢新世界。我们付出的代价是，我们常常弄丢自己，就像抬头望天，不见繁星。

张充和的晚年好友、《天涯晚笛：听张充和讲故事》的作者苏炜说："如果说，20世纪所谓的大历史、大史诗是'有'，张充和这么一个人，就是'无'；如果说大历史是一幅中国历史画卷上的真山真水的话，张充和就是真山真水之间的留白。……张充和的意义就是这个喧嚣、纸醉金迷、纷纷扰扰、追逐欲望和名利的世界里，那一霎清阴；如果放在大时代洪流里边，她就是一丝真歌弦管。"

退步者也好，真山真水之间的留白也罢，人们怎么说，张充和都不会在意的。这世界，她只是绚烂地行了一遭又绚烂地去了，似桃花鱼。

张充和填过两首《临江仙·桃花鱼》。

记取武陵溪畔路，春风何限根芽，人间装点自由他，愿为波底蝶，随意到天涯。

描就春痕无著处，最怜泡影身家。试将飞盖约残花，轻绡都是泪，和雾落平沙。

散尽悬珠千点泪，恍如梦印平沙。轻裾不碍夕阳斜。相逢仍薄影，灿灿映飞霞。

海上风光输海底，此心浩荡无涯。肯将雾谷拽萍芽，最难沧海意，递与路旁花。

这两首词是她 1943 年在嘉陵江畔见到桃花鱼的感赋。

1999 年，她的美国学生薄英（Ian Boyden）为她出版了一部只收录 18 首诗的诗集，以《桃花鱼》为名。书中所选诗词皆由张充和亲自圈定，而中译英的工作由傅汉思和薄英来做。

桃花鱼和桃花相伴而生，似桃花又不是桃花，似鱼又不是鱼。多像张充和的一生呀，她在新世界里又在旧世界里，绚烂着又寂静着，无欲无为又有滋有味。

或许，张充和的意义，在于对世界展示一种生活的可能性：不随波逐流，也不孤寂，寄情于艺术，又存有知己；圆融地与世界和解，见山是山，见水是水，心有静气，一生从容。

这样的老太太，或许自此世间不会再有。

她是唯一一个张充和。

她的名字写在了水上。

她不需要鲜花，她自己就是盛开的。

冰心……
她是一个真人

冰心（1900年—1999年），原名谢婉莹，笔名冰心，福建长乐人。现代著名诗人、翻译家、儿童文学家，崇尚"爱的哲学"，母爱、童真是其作品的主旋律。1919年创作《两个家庭》《斯人独憔悴》等探索人生问题的"问题小说"。同时，受到泰戈尔《飞鸟集》的影响，写作《繁星》《春水》，被称为"繁星格""春水体"。留学美国期间，创作散文集《寄小读者》。1926年，获得文学硕士学位回国后，先后在燕京大学、北平女子文理学院和清华大学国文系任教。1946年，被东京大学聘为第一位外籍女教授。新中国成立后，有散文集《归来以后》《再寄小读者》《我们把春天吵醒了》《三寄小读者》等。

世界上有很多小孩，天天盼着长大，而大人往往又无比怀念童年，渴望回到小时候。诚如席慕蓉诗云："溪水急着要流向海洋，浪潮却渴望重回土地。"

有一个人，活了99岁，一直宛若孩童。她本名谢婉莹，笔名冰心。她说："有一件事，是我常常用以自傲的：就是我从前曾是一个小孩子，现在还有时仍是一个小孩子。"这话很可信。试想，若无童心，怎可以从青年到老年陆续写出《寄小读者》《再寄小读者》以及《三寄小读者》等儿童文学读物？

童心多可贵，以童心去抚慰天下童心，使人从中得爱得温暖以及力量，更可贵。

如今中小学语文课本里，是否仍有冰心的《寄小读者》或《小橘灯》等篇章？手头寻不到相关课本，我无从知晓。但在我童年读书时，课本里是有的。尤其是《小橘灯》，我记忆最深刻的是，那个勇敢又镇定的小姑娘，她会用橘皮做灯，"天黑了，路滑，这盏小橘灯照你上山吧！"她还乐观地安慰大人："不久……我们大家也都好了。"

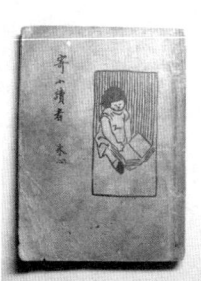

◀《寄小读者》北新书局 1935 年版本封面。该书 1926 年 5
月由北新书局首次出版，是中国较早的现代儿童文学作品。
冰心的"爱的哲学"，在《寄小读者》中得到了充分表现，
影响了一代代少年儿童。

那时，我的老师在讲授《小橘灯》时，有说到"革命"，说"月圆之夜人不归，花开之地无和平"，我不大理解，却十分喜欢文章中出现的那盏灵巧的小橘灯。曾有一段时间，我迷恋于做小橘灯；长大后，每有想起小橘灯，它都是一个温暖的存在，发着朦胧的橘红的光。

人的精神能量，往往来自童年的所见所感，以及来自童年的那一缕缕光。

冰心是为儿童造光的人。

在冰心身上，并非没有争议。人在人间，谁可以活得没一分是非？是是非非，横看成岭侧成峰。

作家舒乙对冰心有句很妥帖的评价："她是一个真人。"冰心的真，在其童心，亦在其生活中处处直率从心。她将自己的一生，焙成一壶清远的香茶。

一生一身一童心

出名要趁早。

冰心出名早，二十岁出头已名震当时文坛。

说来有趣，有不少作家在人生最初的道路抉择上，都多多少少和医生这一职业有关，比如先从医后从文的鲁迅，比如从医不成后来从文的陈衡哲。医生和作家，都是医人的人，一个医人之机能，一个医人之心灵。

冰心一开始也学医，1918年她考入协和女子大学，想成为医生。她的初衷很简单：母亲体弱多病，她要做医生，为母亲看病。

生活里，有些选择由得人自主决定，而更多时候，人们被生活或时代强悍地驱赶着前行，像奔赴一个个盛大的集会，从这条路去往另一条

◀1918 年，18 岁的冰心和母亲、三弟的合照。

路，或去往更多路，停不下来。

1919 年 5 月 4 日，"五四"运动爆发。冰心说："'五四'运动的一声惊雷把我'震'上了写作的道路……卷出了狭小的家庭和教会学校的门槛。"若无"五四"运动，可能就没有一位叫"冰心"的作家，却会有一位叫"谢婉莹"的医生。

"五四"运动时，冰心参加了学生组织的爱国运动，被选为协和女子大学学生会的文书，又出任北京女学界联合会的宣传代表。1919 年 8 月 25 日，北京《晨报》副刊上刊发了一篇《二十一日听审的感想》，文章署名"谢婉莹"，内容是北京法庭公开审问"五四运动"中被捕学生的现场实录。

当时，《晨报》副刊编辑是冰心的表兄刘放园，他认为冰心文笔不错，鼓励冰心继续写作。很快，冰心又写了一篇小说《两个家庭》，也发表在《晨报》副刊上。这篇小说，署名"冰心"。

看到"冰心"二字，人们多半会想起唐朝诗人王昌龄的诗句："洛阳亲友如相问，一片冰心在玉壶。"其实谢婉莹取"冰心"为笔名，和王昌龄之诗并无关系。她只是想着，"冰心"两字，笔画简单好写，而且又有"莹"字的含义；再则，初拈笔写作，心内到底是羞怯的，怕人笑话写得不好，取个笔名，人家看到时，也很难想得出"冰心"和"谢婉莹"有什么关系。

继《二十一日听审的感想》《两个家庭》之后，冰心几乎每星期都有作品在《晨报》副刊发表，且大多是"问题小说"，如《斯人独憔悴》《去国》《庄鸿的姊妹》等。

所谓"问题小说"，即"五四"时期产生的以反映社会重大问题为主要内容的小说，在小说里，写作者探问人生的终极，关注每个人的人生价值、生存真谛。"问题小说"是中国现代文学史上最早的一个小说群体，标志着中国现实主义新小说的开端。

凭着一系列的"问题小说"，冰心名满文坛。这是她十九、二十岁时候的事。

创作儿童散文《寄小读者》始于 1923 年 7 月前后。此时，冰心赴美留学，入读威尔斯利学院。在此之前，冰心先后出版了诗集《繁星》《春水》。她的诗，恬淡清新，词清句丽，似春天的风，明白清爽，洒脱

1923 年至 1926 年间，冰
心在美国的威尔斯利学
院留学时的留影。

自然，一洗其"问题小说"里的五味杂陈，更多的是热情讴歌母爱、童
真和自然。

有"'五四'以来第一个卓有成绩的文艺评论家"之誉的茅盾，将
冰心的诗称为"繁星格""春水体"，他说："在所有'五四'时期的作家中，
只有冰心女士最属于她自己。她的作品中，不反映社会，却反映了她自
己，她把自己反映得再清楚也没有。"

"繁星格""春水体"风靡一时。

更能反映冰心自己的是其创作的儿童文学作品《寄小读者》。

中国儿童文学肇始于晚清，那时，西学东渐，为着救亡图存、开启
民智的需要，不少文人学者开始有意识地翻译、引入境外的儿童文学，

哺育童心。因为，儿童是国家的未来。但真正意义上的中国儿童文学，产生于"五四"时期。"五四"新文化运动之后，"人"的发现使大批作家把创作视野从帝王将相、才子佳人转向了平民百姓，"儿童"也开始成为作家笔下阐释的对象。更为可贵的是，作家还儿童作为"人"而应有的地位，儿童也是有血有肉有自己的情感世界的"人"，和大人相比，他们更需要关爱，需要理解，需要人们用平等的眼光看待他们。尊重儿童，关心儿童，教育儿童，为儿童的个性自由发展以及健全人格的形成和完善而努力，成为许多作家关注的焦点。在此土壤和气候里，中国文学史上第一批儿童文学作家出现了，冰心即为其一。

一个好的儿童文学作家必然有一颗童心，用不泯童心写童真童趣。

何谓童心？明朝思想家李贽说："夫童心者，真心也。若以童心为不可，是以真心为不可也。夫童心者，绝假纯真，最初一念之本心也。若失却童心，便失却真心；失却真心，便失却真人。"

冰心有童心。

谈说中国儿童文学，绕不开冰心；谈说冰心，绕不开《寄小读者》。

《寄小读者》的发表，缘起《晨报副刊》。这个《晨报副刊》即原《晨报》第7版副刊，在1921年10月12日改版，以《晨报副刊》为报头独立发行。报纸虽换了头面，但冰心仍是此报最青睐的撰稿人。1923年夏，冰心将往美国留学，《晨报副刊》特为冰心开辟了一个"儿童世界"专栏，"走到很远的地方去"的冰心在此告诉小朋友一些"略为新奇的事情"，即异国见闻。这个专栏，冰心一直写到留学归国。

1926年5月，专栏文章由北新书局结集出版，即《寄小读者》。该书出版后，深受读者赞赏，仅仅两年内就重印达七版之多。这本书不仅成了书局的长销书，也成了冰心的代表作。在中国现代儿童文学史上，叶圣陶凭童话集《稻草人》成为中国现代童话创作的拓荒者，而冰心则以《寄小读者》成为中国现代儿童散文的开创者。

在《寄小读者》里，冰心用通讯的形式，采取和小朋友谈天的亲切口气，赞美自然、母爱、祖国，文笔婉约典雅、轻灵隽丽、凝练流畅，童心、稚趣跃然纸上。她这种文风，时人称为"冰心体"。

《寄小读者》出版时，冰心26岁。32年后，冰心创作《再寄小读者》。又20年后，冰心创作《三寄小读者》。从青年到中年再到暮年，冰心都在做同一件事，以一颗童心拈笔写作而抚慰童心。

冰心儿童文学创作的核心是"爱的哲学"。她说，天地万物，一切只为着爱，有了爱就有了一切。自然之爱，广博无垠；母亲之爱，长阔高深；儿童之爱，至真至纯。

如果谁认为冰心的儿童文学作品只是写给儿童看的，那就错了。在那些作品里，蕴涵着丰富的儿童教育思想，儿童有必要看，为人父母

民国北京《晨报副刊》，是"五四"时期著名的"四大副刊"之一，致力于推进新文学，在思想界、文化界有广泛影响。

者亦有必要看。

如何教育一个孩子健康快乐成长？

持一颗童心,和孩子们交往,热爱他们、尊重他们,同他们平起平坐。冰心说:"要了解儿童心理,你一定要接触儿童,熟悉儿童,要尊重他们,了解他们的自尊心,把他们当作一个人来对待,而不是玩具,也不要随便和孩子们开无意义的玩笑。只有这样,他们才愿意接近你,做你的朋友,向你交心,向你提出各种各样的问题。"

有趣的是,冰心曾翻译过黎巴嫩作家纪伯伦的《先知》,其中有这样的句子:

> 你们的孩子,都不是你们的,
>
> 乃是"生命"为自己所渴望的儿女。
>
> 他们是借你们而来,却不是从你们而来,
>
> 他们虽和你们同在,却不属于你们。
>
> 你们可以给他们以爱,却不可给他们以思想,
>
> 因为他们有自己的思想。
>
> 你们可以荫庇他们的身体,却不能荫庇他们的灵魂,
>
> 因为他们的灵魂,是住在"明日"的宅中,那是你们在梦中
>
> 也不能想见的。
>
> 你们可以努力去模仿他们,却不能使他们来像你们。
>
> 因为生命是不倒行的,也不与"昨日"一同停留。
>
> 你们是弓,你们的孩子是从弦上发出的生命的箭矢。那射
>
> 者在无穷之间看定了目标,也用神力将你们引满,使他的箭矢迅

速而遥远地射了出来。

让你们在射者手中的弯曲成为喜乐吧。

因为他爱那飞出的箭，也爱了那静止的弓。

这和冰心所提倡的儿童教育有异曲同工之妙：孩子是独立的，是自由的，为人父母者要尊重孩子，平等相视，做孩子最亲密、最诚恳的朋友，而不是做孩子的主宰者。

这种教育理念，今日来看，不落伍，再隔一些年来看也不会落伍。

有些时候，大人和孩子同行，随着孩子走，依着孩子的视角去看世界，大人反而能领略到更丰盛的风景。冰心有篇散文叫《只拣儿童多处行》，她说有年春天和孩子一起踏青，忽然想起前人诗句："儿童不解春何在，只拣游人多处行。"她将这诗句改了一下："游人不解春何在，只拣儿童多处行。"春天在哪里？去看看儿童都在哪里，儿童多的地方，永远不会找不到春天。

如此赞美儿童，珍惜童心，实在可贵。

终其一生，冰心都保持童心，赞美童心，哺育童心。

有你在，灯亮着

冰心一生致力于儿童文学，但在她去世多年后，关于她对孩子的教育却生出一些争议，而这一切源于一场风波。

2012年5月31日，北京中华文化名人雕塑纪念园，冰心纪念碑上被人用红漆刷上"教子无方　枉为人表"八个大字。刷字的人，是冰心的孙子吴山。吴山是吴平的儿子。据媒体报道，吴平向法院提出与妻子陈凌霞离婚的诉讼，法院判决离婚，并处理了夫妻财产分割问题，而吴平之子吴山不满法院判决，愤怒之下便泼漆祖母冰心墓碑。此事一时引得舆论纷纷。

冰心和丈夫吴文藻育有三个子女，长子吴平，二女儿吴冰，三女儿吴青。吴青得知侄子吴山毁碑之事，甚为气愤。就吴山所云冰心"教子无方　枉为人表"，吴青回应：冰心一生推崇"爱的教育"，教导子女"做人要真诚，靠自己的人品、智慧、双手安身立命，绝不能靠父母、丈夫，靠关系"。

身为冰心之女，吴青是怎样的一个人呢？或者说，在冰心的教育下，吴青是怎样的一个人呢？

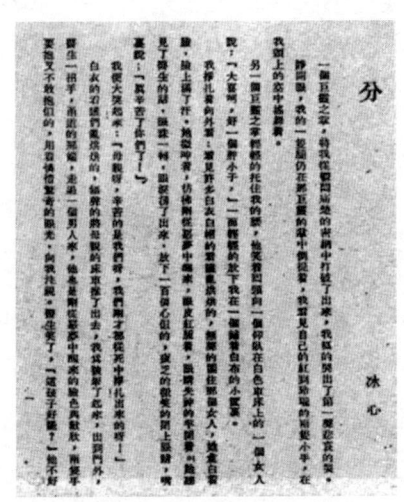

1931 年，吴平出生，这是冰心的第一个孩子。她当时看着初生幼儿心有所感，写下小说《分》。发表在《新月》第 3 卷第 11 期。

在退休前，吴青是北京外国语大学教授，多年担任北京海淀区人大代表，1998 年创办了一所公益学校——"农家女实用技能培训学校"，学员上课，学费、书费、食宿，甚至往返路费，一分钱都不用自己出。至 2016 年，农家女校已免费培训了近两万名农村女性。

农家女校的第一笔办学启动资金来自冰心。彼时，冰心刚获得 9 万元《冰心全集》稿费，得知女儿吴青的办学心思，她取出稿费，全部用于支持女儿的公益事业。

也有人称吴青是"一个冒着傻气的老太太"，或"愤青老太太"，因为吴青太敢讲真话。吴青说，在她当选北京海淀区人大代表时，冰心就叮嘱她："如果你真想当好人大代表，就要敢说真话。"

在"农家女实用技能培训学校"里，吴青最爱对学员讲的两个字是"人"和"爱"："你是一个人，然后才是一个女人，而每一个人都必须依靠自己的双腿站立。每个人都要懂得爱，懂得真善美，才能是个真人。"

"人""爱""真"也正是冰心文学作品的核心思想。

吴青小时候，有一回偷吃了饼干，冰心来问，她却不承认。冰心没有责骂女儿，而是拿出肥皂要女儿去刷牙。冰心说："去，把嘴巴洗干净，因为你撒了谎。"吴青坦承错误后，冰心正色严词地告诫她，做人要永远本着"真"和"善"，要诚实，不说假话，不说违心话。

1946 年，吴青 9 岁，随父母远赴日本。吴文藻、冰心夫妇去日本，是有任务的，研究战后重建、新宪法、工人运动等。对吴青来说，她已习惯了频频辗转异乡生活，因为在国内，她就常随父母辗转云南、重庆各地。她适应能力强，去了哪儿都能很快就成为"孩子王"，在日本亦不例外。

在日本，有一天吴青从父亲吴文藻那里看到一本写侵华战争的书，便发誓再也不和日本小朋友玩了。不仅如此，吴青还聚了几个同在日本的中国孩子，十几个孩子骑着自行车在街头尖叫，追赶日本小孩，吓得日本小孩边哭边跑。

冰心得知此事，十分生气，她教育女儿："你怎么能这样！你难道不知道他们也是战争受害者，他们父母有可能因为反对战争被关进监狱吗？"没有一场战争是不给人民带来灾难的，所以人民永远反战。第二次世界大战后，日本人民亦面临许多困难，一切食品都是配给的，吃不饱、穿不暖，并且住房紧张。

多年以后，吴青体会到了母亲的微言大义，那是对每一个个体的关注。虽然每个人民族、国籍、身份不同，但他们都是人，这一点并无分别。

冰心的文章里，充满了爱，博爱，在教育孩子时，她亦要求孩子怀博爱之心，爱人，爱动物，爱植物，爱世间一切生灵。

当年为避战乱，冰心夫妇带着孩子们居住云南呈贡，闲暇时，冰心最爱领孩子去住处附近的山坡上玩耍，教他们认识不同种类的花。花好看，但孩子不许采花，即使是路边的野花也不可以。冰心对孩子说，花是人间的欢喜，人们行在路上，见着花，心底总是欢喜。

冰心的父亲谢葆璋爱狗，家中长年养着狗。孩子们喜欢，来问冰心，能不能也像外公那样，在家养条狗？冰心说，可以，但是要天天喂狗狗吃饭，给它水喝，为它刷毛，每天晚上要唤它回家，不能让它在外过夜，山上有狼，要保护好狗狗。倘若忘记其中一条，就不能再养了。养它，就要护它周全。爱，就是责任。

三个子女中，吴青最调皮，常随着邻家男孩学捉鸟。拿一个纸盒盖子，用一根木棍把盒子撑起来，棍子的下头用一根绳子拴上，盒子下撒上米或米饭，人趴在远处等待。小鸟来吃食时，一拉绳子，就把小鸟扣住了。有一天，吴青竟真捉到一只鸟儿，甚是高兴。冰心见着了，不高兴，但她当时并不说什么。天色向晚，冰心问女儿："你在外面玩，天黑的时候，最想做什么？"女儿答："想回家。"又问："你回家最想见到谁？"吴青紧紧抱着冰心，说："最想见到你。"冰心笑了："天黑了，小鸟想妈妈了，你赶快把小鸟放回家吧。"吴青虽心有不舍，但还是松手让小鸟飞走了。自那以后，她再也没捉过鸟儿。

冰心长年在大学任教，吴青回忆说，冰心爱她的每一个学生，在教学中，她善于因材施教。每一个选修冰心课程的学生，冰心都会在第一堂课便要求他们写一篇千字左右的自传，从而了解学生的父母是做什么的，对他们有什么影响，以及他们有何特长，对老师有什么期待。这样，做足工夫，在上课时则有的放矢。

如此教育，会培养出怎样的子女和学生？大抵人人心中都会有答案了吧。

吴山泼漆祖母冰心墓碑之事发生后，时任冰心文学馆馆长的王炳根说："冰心是一位真诚、善良、充满爱的老人，对子孙的教育也很尽心。但每个人的道路是自己走出来的，爱的教育能否实现，不取决于父母与长辈。这一事件发生后，冰心的形象、喜爱冰心作品的读者，感情都会受到伤害。在人们普遍对真诚与道德水平表示担忧的当下，这一事件令人心痛，也令人深思。"

民间有句俗语说"一样米养百样人"，说的也是这道理。

有争议就有争议吧，且让世人争着议着。谁爱看山，便见山；谁爱看水，便见水。山水不语自有情。

行文至此，我倒也忽然想起作家巴金对冰心的评价："有你在，灯亮着。一代代的青年读到冰心的书，懂得了爱：爱星星、爱大海、爱祖国，爱一切美好的事物。我希望年轻人都读一点冰心的书，都有一颗真诚的爱心。"

从不掩饰，从不解释

作家舒乙在冰心辞世十周年时写过一篇祭文，开篇即云："冰心老人最大的特点，用一个字概括，就是'真'。她是一个真人。"舒乙还说，真正做到真，其实是很难的，冰心却做到了，在生活中，在任何一件事中，她都不带任何虚假，不带任何掩饰，直面道来。

为了诠释冰心的"真"，舒乙又说："冰心先生非常坦爽地评价她的上代、同代和下代作家同行们，毫不隐讳，有说好的，有说不好的，有喜欢的，有不喜欢的，还有很反感的。"

冰心不喜欢林徽因吗？

后人多半认为冰心并不喜欢林徽因，证据便是那篇众说纷纭的小说《我们太太的客厅》。

《我们太太的客厅》发表于 1933 年 9 月，在《大公报》上连载〔《大公报·文艺副刊》第 2 期（9 月 27 日）、第 3 期（9 月 30 日）第 4 期（10 月 4 日）第 5 期（10 月 7 日）第 7 期（10 月 14 日）第 8 期（10 月 18 日）第 9 期（10 月 21 日）〕。小说一经登出，即掀起轩然大波。人人都说，冰心借此小说影射林徽因。

且先说说"太太的客厅"。

当年，梁思成、林徽因一家搬到北平北总布胡同的四合院后，由于夫妇二人所具有的人格与学识魅力，很快围聚了一批当时中国知识界的文化精英，如名满天下的诗人徐志摩、在学界颇具声望的哲学家金岳霖、政治学家张奚若、哲学家邓叔存、经济学家陈岱孙、国际政治问题专家钱端升、物理学家周培源、社会学家陶孟和、考古学家李济、文化领袖胡适、美学家朱光潜、作家沈从文和萧乾等。这些学者与文化精英常常在星期六下午，陆续来到梁家，品茗坐论天下事。据说每逢相聚，风华绝代、才情横溢的林徽因思维敏锐，擅长提出和捕捉话题，具有超人的亲和力和调动客人情绪的本领，使众学者谈论的话题既有思想深度，又有社会广度，既有学术理论高度，又有强烈的现实针对性，可谓谈古论今，皆成学问。随着时间的推移，梁家的交往圈子影响越来越大，渐成气候，形成了 20 世纪 30 年代北平最有名的文化沙龙，时人称之为"太太的客厅"。

曾出没林徽因"太太的客厅"的作家萧乾说，冰心小说《我们太太的客厅》中所云"我们的太太"即是指林徽因；与林徽因过从甚密的作家李健吾更是说："我记起她（林徽因）亲口讲起一个得意的趣事。冰心写了一篇小说《我们太太的客厅》讽刺她，因为每星期六下午，便有若干朋友以她为中心谈论种种现象和问题。她恰好由山西调查庙宇回到北平，带了一坛又陈又香的山西醋，立即叫人送给冰心吃用。"

林徽因请冰心吃醋的轶事流传甚广。

不过，很长一段时间里，无论外界如何解读《我们太太的客厅》，冰心从不回应。

多年之后，冰心公开谈及林徽因有三次。

1987 年，冰心写《入世才人灿若花》，列举五四至今的著名女作家，文中赞美林徽因："1925 年我在美国的绮色佳会见了林徽因，那时她是我的男朋友吴文藻的好友梁思成的未婚妻，也是我所见到的女作家中最俏美灵秀的一个。后来，我常在《新月》上看到她的诗文，真是文如其人。"也就是说，冰心垂老时欣赏林徽因文如其人。俏美灵秀，这四个字用在林徽因身上真是恰如其分！

1992 年，作家萧乾和夫人文洁若同去看望冰心，聊及徐志摩跟林徽因的所谓"恋情"，冰心断然回答："林徽因认识徐志摩的时候，她才十六岁，徐志摩比她大十来岁，而且是个有妇之夫。像林徽因这样一位大家闺秀，是绝不会让他为自己的缘故打离婚的。"这观点是公正的。

也是在 1992 年，有一回，冰心和舒乙谈天，冰心说："《我们太太的客厅》那篇，萧乾认为写的是林徽因，其实（原型）是陆小曼。"

纵使如此，后人论起冰心与林徽因的"太太客厅"这桩文坛公案，也是各抒己见。

不管冰心在《我们太太的客厅》中影射的是林徽因还是陆小曼，她到底算得是对她所看不惯的人射了一箭。

冰心虽文字恬淡温柔，但她内心其实刚毅如男子。这应和她幼时受的教育有关。11 岁以前，在家中，她向来是被父母当男孩子养的，着男装，骑马，打枪，游泳，她还曾向往着当水兵呢。11 岁那年回到老家福州，生活在一个大家庭里，要着女装，每一次穿女装，她就大叫："真是难受死了！"至于女子化妆，她亦不赞同："描眉画眼的，干什么！"

这样一个女子，她有时率真得堪称不拘小节了。

1929 年，冰心与吴文藻结婚，结婚典礼是在燕京大学临湖轩举行，证婚人是时任燕京大学校长的司徒雷登。由于他们的婚房当时还未完全装修好，举行过结婚典礼，他们脱下礼服，换上普通衣裳，乘着司徒雷登派的小汽车前往大觉寺禅房暂住。小汽车引来大觉寺附近的居民围观，问是干什么的，答是送新娘子的。"新娘子在哪儿？""在那儿！"顺着所指方向，人们只见一名年轻女子正坐在庙门的门槛上啃黄瓜。冰心爱吃生黄瓜，见庙门口有卖的，便买来，买来就坐在门槛上吃。这是新娘子吗？人们很是惊诧，连说："不像！不像！"

怎会不像？这就是真实的冰心。

人说"文如其人"，这话不假，但人都是多面性的呀，婉约文章所传递出的那个婉约女子是她，却只是一面之她，在文章之外、生活之中，另有一个她。

生活中的冰心，素来耿直率真。

有一回，一对夫妇同去拜访冰心，男的岁数大一些，女的年轻一点，只有一张小凳可坐，男的先坐下来。冰心不高兴了。冰心主张把女性"在家庭与社会的地位，无限量地提高"，社会要尊重女性，因为"世界上若没有女人，这个世界至少要失去十分之五的'真'，十分之六的'善'，十分之七的'美'"。那位男子竟然当仁不让、大马金刀地径自落座，冰心为此不悦。她当时就让那男子起身，让女子坐下。但她并不解释为何要男立女坐。熟悉她的人却是知道的，在她这儿，女性才是第一位的，不管这位女性年轻或年长。不知情的人，兴许将这事儿传出去，要说冰心耍大牌呢。随便人去说，她才不在乎。

从不掩饰，从不解释，这份淡然从容，非内外皆强大者不可得。

　　还有一回，作家协会的一位领导大年初一来拜年，冰心正好在吃饭，她对此人一向不感兴趣，便问他："有事吗？"来者说想求一张字。冰心笑笑，说："买宣纸来！"等他走后，冰心说："其实我已想好了写什么，但要等他送纸来，如他真来，我就会问：'宣纸买了吗？'"

　　冰心待人喜怒形于色，真实坦荡，她待自己也不留情面。

　　有出版社出版了一辑《人间小品》丛书，其中有《冰心集》，编辑送来样书，冰心看了以后说其中只有两篇好：一为《到青龙桥去》，二

　　◀1926年6月15日，冰心与吴文藻在燕大临湖轩举行婚礼，
　　司徒雷登是证婚人。

为《观舞记》，其余都"幼稚"，还说"现在看了脸红，不好意思"。

这不是冰心第一次嫌弃自己的作品，也不是最后一次。比如另有出版社出版了一套《冰心选集》，有六卷，冰心看了第六卷，是评论和序跋集，她说"无聊"。不是说书出版得不好，而是说自己"写得无聊"，不好意思看下去，真是"无聊、无聊"。

在晚年，冰心评价自己的早期作品，多是直言"无聊"。并非故意做谦虚状，是极真诚的，是经过深思熟虑的，并且公开地讲，一再对人重复。

冰心说她早年文字有的许多修辞是自己发明的，在别人看来很新颖，或许很难懂，甚至有些奥妙，句子一般也比较长。但在晚年，她写东西力求简明，越写越短，几乎不用形容词，说明白了即可，平铺直叙，直截了当，不说废话，只做减法，不做加法，清清爽爽，通俗易懂。至于早期文章里的风花雪月，她亦是不屑再写的了。她说："我很老了，以前喜欢风花雪月，现在不爱看了，已经经过了，很淡薄了。写些人间不平事吧，为别人多说点公道话。"

这样的冰心，净净明明，不着意雕饰，不施浓墨重彩，有的只是清雅本色，倒也正应了古人之诗：一片冰心在玉壶。

心若怀冰，内含冰清，外涵玉润，清澈澄空，先生之德也。

也只有这样的冰心，方可一生不失童心，一生哺育童心。

林巧稚：
简单的美好

林巧稚（1901年—1983年），医学家，中国妇产学科的主要开拓者之一。1929年，毕业于北京协和医院，获博士学位，同时被聘为协和医院妇产科大夫，为该院第一位毕业留院的中国女医生。1940年，被美国聘请为"自然科学荣誉委员会"委员。不久升任北京协和医院妇产科主任，成为该院第一位中国籍女主任。1956年6月，中国第一个妇产专科医院北京妇产医院建成，担任第一任院长。1959年，当选首届中国科学院唯一的女学部委员（院士），并担任中国医学科学院副院长。她毕生致力于医学事业，在胎儿宫内呼吸、女性盆腔疾病、妇科肿瘤、新生儿溶血症等医学研究与实践方面做出了突出贡献；一生亲自接生五万多名婴儿，被尊称为"万婴之母"。

这是个简单的人。

她一生只做了一件事，行医，为妇幼谋健康。她一生大多数时光在北京协和医院度过，朝朝暮暮来来回回穿梭于一张张病床或产床间。

她无婚恋故事可分享，更无感情绯闻可作谈资；她一生未婚。

她虽未婚，但有最丰富的爱，有最多的孩子，人称"万婴之母"。

她又足可称谓"先生"。在我故乡，老一辈的人仍旧习惯称医生为"先生"，谁若病了，他们会说："你看过先生了吗？"或"请先生过来看看吧"。不过，称她为"先生"，并非只因她行医。凡在某行业为精英为翘楚且德高望重者，皆可端庄肃敬又温润儒雅地称其"先生"。她一生柔婉慈蔼又德望俱重，将自己焙成一壶清远的香茶，她是林巧稚先生。

林先生早已远去。如今这人间，和林先生那时的很不一样了，科技高速发展，医疗诊断技术突飞猛进，但在这飞进里也多了一些隐忧或弊病。人们探讨着为医之道，焦虑着医患关系。

世界总会在时间的长河里生出许多变换，而有些东西却从不会变。

一生故事简单的林巧稚，若去翻阅她一生为医之道，或去她那儿看

原北京协和医学院，现北京协和医院（暨北京协和医学院）老楼正门。1917 年 9 月，
由美国洛克菲勒基金会帮助建立北京协和医学院，首任校长为 Franklin C. McLean。
1919 年 10 月，开办医学本科，学制为八年制。

如何"良医处世"，就会发现，这个简单的人，她有许多的不简单。

一生只做一件事

厦门有个岛，潮涨水涌，浪击礁石，声似擂鼓，人称这岛为鼓浪屿。

1901 年，12 月 23 日，鼓浪屿一户信奉基督教的林姓人家，迎来一个女娃娃。这是件欢喜事。林姓人家的男主人林良英，曾留学新加坡，归国后从事教学和翻译工作。这个思想开明的教员为女儿取了个温婉的名，巧稚。他大抵是希望女儿伶俐乖巧又一生葆有稚子之心。

林巧稚自幼聪慧又勤奋好学，18 岁时自厦门女子师范学院毕业并留校任教。如果她沿着这路，为人师表，传道授业解惑，想必也是好的。但她没有一直从教。1921 年，由美国洛克菲勒基金会投资创办的北京协和医学院落成后，林巧稚对父亲说出明白又坚定的意愿：她要学医。

这意味着她要再攻读八年，毕业时当有 28 岁了。青春全交付于此。于一个女孩子来说，不啻为一种冒险。人生最华丽的冒险，是听从内心声音而活。

林父虽然觉得女儿弃教从医不妥，但到底肯给予支持。在他们心底，都藏着一个不忍提及又无法抹去的悲伤记忆：林巧稚 5 岁时，林母因患子宫癌去世。如今，林巧稚说要学医，林父怎会不懂女儿心思？先前曾无能为力的，是后来成长路上用力的方向，哪怕并不能挽回什么，到底可得一些心安，得一些抚慰，仿佛那失去的换了一种方式回来了。

1921 年夏天，林巧稚离乡去上海参加协和医学院的招生考试。夏日上海，酷热难耐，考试期间有位女生突然中暑晕倒在考场，当时林巧稚尚未答完考卷，不过，没什么好犹豫的，放下笔，离开考场，林巧稚投入对那位女生的抢救。十多分钟后，当她再回到考场，考试已结束。

那次考试，全国只招收 25 名学生，录取率甚低。没有答完题的林巧稚认为自己是一定要落榜的了。

回到鼓浪屿，父亲安慰她：你懂得爱人，在人生的考场上，你很优秀。即使考不上，当不成医生，你还可以去教书啊，你会是个好教师。

不曾料，一个多月后，协和医学院为林巧稚寄来了录取通知书。是的，她没有答完考卷，仍然得了高分。无他，是她在考场冷静沉着又深具仁心的表现，赢取了校方的青睐。于医者来说，最基本且最优良的品质，是仁心。她有。这是校方最看重的。

1929 年，林巧稚以第一名的成绩从协和医学院毕业，并获得协和象征最高荣誉的文海奖学金。她也是协和第一位毕业留院任职的中国女医生。

生活总是有得有失。林巧稚很荣耀地成为协和医院妇产科的一名大夫，但是，接过那纸聘书，也等于接过一个枷锁。

20 世纪上半叶，职业女性在社会上崭露头角，却仍备受歧视。协和医院以开放的心态接纳了女性，也为她们设置了一道不近人情的门槛：担任住院医生的女性，一旦结婚自动解聘；女护士如果结婚必须辞职。

那时候，协和医院的管理者认为，一个女人不可能同时扮演贤妻良母和职业女性两种角色。

要个人生活还是要事业？林巧稚以殉道者的姿态选择了独身。她甘愿将余生的时间和心血，献给妇产科事业。后来，林巧稚说："我一辈子没有结婚，为什么呢？因为结婚就要准备做母亲，就要拿出时间照顾好孩子。为了事业我决定不结婚。"

在去往理想的路上，人往往并无太多的选择，摆在眼前的是粗暴的简单，非此即彼。倘若可多一些"亦此亦彼"，生活哪还会有那么多遗憾？或许，有遗憾的人生才是真正的人生。而我们要做的，是选择后便坚定地爱着所择选的；无论选择做什么，那都是理想的未来。且热烈地活，尽兴地活，不负时光，不负己心。

自从入了协和医院，除却太平洋战争那几年，不得已离开，其余的时光，如江河奉献给海洋，林巧稚将自己悉数奉献给了协和医院。她一生只做一件事，爱她所选择的妇产科事业，爱每一位来就医的人，天使一样接引一个个孩子来到这人间。

她说："上帝如果让我继续生存在这个世界上，那么，我存在的场所便是在医院病房，我存在的价值便是治病救人。"即使后来升了职，不再担任住院医师，她也不忘要求值班医生和护士，若病人病情有了不良的转变，哪怕是半夜也要第一时间通知她，否则，她会生气，值班医生或护士自然免不了要受她严厉批评。

在她的生活里，只有医术、患者，哦，还有一部电话。下班回家，她时刻都会留意着电话响。有一回，有人和林巧稚谈婚姻之事，林巧稚笑答："我的唯一伴侣就是床头那部电话。"

正己正物是为医之道

林巧稚的私人生活寻不出太多谈资，但要讲说她行医的故事，却有一箩筐。

先来说说何谓医生。

有医术且以治病为业的人皆可称医生。不，这解释好像并不恰当。

宋朝林逋《省心录》中说："无恒德者，不可以作医。"医者，修医术，更要正心术；好心术，妙医术，谓之医生。

刊行于宋高宗年间的《小儿卫生总微论方》云："凡为医之道，必先正己然后正物。正己者，谓能明理以尽术也；正物者，谓能用药以对病也。"

林巧稚为医一生，堪称是很好地诠释了"为医之道"之"正己""正物"。

行医重医德。正己，即堂堂正正做人，树立高尚的职业道德。

清代医学家叶天士在《临证指南医案》中说："良医处世，不矜名，不计利，此其立德也。"林巧稚是良医。

1941年末，太平洋战争爆发，协和医院被日本人占领，林巧稚和她的同事们都被赶出医院。行医就此中断吗？不，林巧稚在北京东堂子胡同租了几间房子，办起了私人诊所。兵荒马乱的年月，多的是贫苦人，为了使更多人看得起病，林巧稚将门诊费定为3角，而当时大多诊所的门诊费在5角以上。她降了门诊费，同行们不满意了，他们联合起来使法，凡疑难病症都推说医不了，一股脑儿把病人全部打发到林巧稚的诊所。如此一来，林巧稚行医的压力就增大了，但她不为所动，不变不移接诊资费。她始终坚持，为医最重要的是救死扶伤，诸如名利之类的皆为其次。

林巧稚诊所营业不久，知名内科学家钟惠澜受聘于中和医院任医务长，他来动员林巧稚兼任中和医院妇产科主任，这是1942年。1946年，北大医学院也来聘请林巧稚，请其任医学院妇产科系主任。一个医院，一个医学院，一个诊所，林巧稚在这三者间来回奔跑。她良好的医德，精湛的医术，为她添了个"活菩萨"的名号，在北京家喻户晓。

　　而林巧稚诊所，1942 年 4 月开始接诊，到 1948 年 5 月协和医院恢复、林巧稚回协和，六年间，在这小诊所里，由林巧稚亲自填写的病历达 8887 份。

　　动荡不安的年代，一个身骨单薄、文弱秀气的女子，当她拎起药箱拿起听诊器，其仁心仁术，使其如此强大，如此伟岸。

　　1951 年 1 月 20 日，中央人民政府正式决定接管协和医学院，将之隶属于中国医学科学院。协和医学院由美国人创办并管理，收回后，自是要来一番改造。向来一心沉浸于行医的林巧稚，对政治一无所知，也对之毫无兴趣，那么，其思想也是需要改造的了。工作组派她的学生来为她讲形势、谈理论，劝导她揭发美国人通过协和医院而发起的文化侵略。她想不通："美国人办医学院帮我们培养人才，我的医术也是人家教的……"那时候，她的同事们，以及和她一样有着较高社会威望的一些知识分子纷纷加入共产党，她思虑一番后，去见周恩来总理，她说，一个诚实的人不能欺骗组织也不能欺骗自己，她是虔诚的基督徒，入党恐有不便。周恩来总理宽慰她，不必为此伤神，在党外一样可以工作，一样可以为人民服务。

　　政治的归政治，她归她的上帝，归"爱人如己"的诫命。她不过是个医生，一个愿意为医学放弃婚恋的医生，她只关心她的妇产科事业，关心她的医德和医术。

　　从医近 60 年，林巧稚有个原则——看病，不看人。不论病人是高级干部还是贫苦农民，她都同样认真，同样负责。因她声名远播，在她的诊室里，常常会有一些慕名而来的特殊病人，这些特殊病人，有的是某位官员的太太，有的是某外国领事馆的领事夫人；无论谁来，都要依次候诊。有时，特殊病人等得急躁了，护士会来提醒，林巧稚总是头也不回地说："病情重才是真正的特殊。"

有一天，林巧稚的诊室来了个衣着朴素的女士，这位女士挂了专家号。妇产科门诊专家号要比普通号贵好多。看来者衣着，林巧稚猜想这是家境普通的患者，她就温和地提醒那位女士："以后别挂专家号了，这要多花好多钱。我也看普通门诊的。专家号、普通号都是一样的，只不过普通号多等一会儿罢了。"女士笑着回应："好。"

送走病人后，有人问林巧稚："您知道刚才找您看病的是谁吗？"林巧稚不在意地摇了摇头。每天看诊的病人太多，她从不关心病人来历，更记不住她们的姓名。"她是周恩来总理的夫人！""啊？总理夫人？"

谁会忍心责怪她呢？又有何好责怪的呢？对一个良医来说，她最应当做的是明理正己，怀仁心，再然后是"用药以对病"，即所谓"正物"，亦所谓"挽回造化，立起沉疴"。

对于"正物"，林巧稚是这样理解的："医者单有对病人负责的精神还不够，还要掌握精湛的医术。没有真本事，病人会在你的手术刀下断送生命。"

在医院，妇产科是个特别的科室，在这个科室里，医生既面对死亡又迎接新生。

林巧稚曾说，她生平最爱听的声音，是婴儿出生后的第一声啼哭。这是生命的进行曲，胜过人间一切悦耳音乐。

面对生命的进行曲，林巧稚不仅怀有热烈的感情，更有冷静的理解。科学家也许更多地诉诸理智，艺术家也许更多地倾注感情，而医生既不同于科学家也不同于艺术家，医生必须把冷静的理解和热烈的感情集于一身。

曾有位来自内蒙古的孕妇,她致信林巧稚,说她已连续四胎夭折,现又怀孕 7 个月了,她很担心这个孩子和前几个一样,还未来得及好好看人间就又离开人间。她向林巧稚求救。根据来信所述症状,林巧稚判断,这位草原妇女的孩子可能患有新生儿溶血病,国内当时尚无成活的先例。而那时,林巧稚已经是赫赫有名的妇产科专家,即使治好了这样的顽症,也不过是增加一个成功的病例;一旦失败,却有可能招致无法预想的后果,名声受损也是少不了的。但是,面对一位母亲的求救,要林巧稚如何背过身去?做手术是她唯一的选择;不做,婴儿一定会死亡;做,还有生存的希望。作为一名医生,只能追求最好的结果,尽最大的努力。林巧稚遍查全世界最新的医学期刊,搜寻有关治疗新生儿溶血病的资料,最后决定用婴儿脐带换血的手术,来挽救新生儿生命。她组织各科专家制订了整套方案,并亲自主持手术。就这样,中国第一例新生儿溶血病手术成功了,草原妇女圆了做母亲的梦。

还有一位孕妇,结婚六年初次怀孕,来协和医院检查时发现宫颈有乳突状肿物,经取活体组织做病理检查,怀疑是恶性肿瘤,那么,当尽早手术切除子宫。这手术对一个女人来说,是生命不能承受之重。林巧稚反复研究此孕妇的病理检验报告,又查阅国内外资料,思考会不会有另一种可能呢?大多数专家仍坚持应尽快手术。手术方案制订了,只等林巧稚签字确定时间。可半个月过去了,她依然没有签字。她每天给孕妇仔细做检查,认定症状未见发展,有可能是一种妊娠反应,决定暂不手术,出院后定期检查。为了这个决定,林巧稚承担了巨大的压力与风险,但是,后来的事实证明了她的设想和推论是正确的:一个六斤重的女婴降生了。而孕妇的宫颈肿物是一种特殊的妊娠反应。女婴的父母感恩林巧稚，为孩子取名"念林"。

在林巧稚接生过的孩子中，有不少取名叫"念林""爱林""敬林"或"仰林"的。这也许是来自民间的普通妇女们，表达自己对林巧稚感激之情的最好方式。

经林巧稚之手接生的孩子，都有一份十分别致的出生证。出生证上，有林巧稚秀丽的英文签名：Lin Qiaozhi's baby（林巧稚的孩子）。

那么多可爱的孩子，她爱他们。他们的母亲孕育他们，而她则接引他们健健康康地来到这人间，她也是他们的母亲呢。他们来到人间的第一声啼哭，是对她母爱的赞美和感恩。

有个统计数字说，在林巧稚为医生涯中，她亲自接生的婴儿有五万多名，是以称她"万婴之母"。数字其实一点都不重要。重要的是，她一生未婚更无子女，但她却是最伟大的母亲。

医患同仁，妙手回春

著名医史学家和医学社会学家亨利·西格里斯说："医学，通常被看成一门自然科学，实际上乃是一门社会科学。"他又说，"每一个医学行动始终涉及两类当事人：医师和病员，或者更广泛地说，医学团体和社会，医学无非是这两群人之间多方面的关系。"

医师和病员，或者医学团体和社会，这两群人之间的关系最为近密，也是最易生忿隙的。

但是，到了林巧稚这儿，医患之间只有近密没有忿隙。

在协和医院妇产科，所有的医护人员都知道，林大夫对产妇有种特别神奇的魅力。曾经慕名前去寻找林巧稚问诊的邓颖超也曾说："林大夫不是一般的大夫，她对病人有一股特别的吸引力。"

怎样的魅力，怎样的吸引力？

待产室里，产妇们有的哭叫，有的呻吟，临盆前的这一时刻，她们感到自己挺不过去了。有人把肉体的痛苦分为12级。最低级别的痛苦是被蚊虫叮咬的痛苦，最高级别的痛苦是女人分娩的痛苦。赤裸裸的疼痛让人尊严全无，她们叫喊和愤怒，是源于胆怯和恐惧。但是，只要林巧稚一走进产房，甚至她还没走进产房，只要远远地听见她的声音，产妇们立刻就安静下来。林巧稚微笑着走到产妇床前，俯身贴耳在产妇隆起的腹部倾听胎心音，就像产妇的姐妹或母亲。然后，她轻轻拭去产妇额上的汗珠，拉着产妇的手说："别怕，没事儿。"顿时，产妇就像换了个人。痛苦的叫喊变成了害羞的微笑，她们心安了，放松了，不再乱喊乱叫，不再提各种要求，接下来，居然产程也顺利了，加快了。

协和医院妇产科的医护人员分析过这一现象。他们感叹，林巧稚像是产妇的保护神。产妇只要看到她在这里，就知道再也不用担心或害怕什么。

林巧稚哪里是神呢？她的魅力或吸引力，来自她的心。她说："当一个医生，首先要知道自己的责任重大，产妇、病人入院，就把她的整个生命交给了我们，我们要把她们当成亲姐妹，从每件细微的事上做起，关怀体贴她们。"

诚然，关爱，是医生开给病人的第一张处方。

这恰也契合了古医书中的说法："凡为医者，性情温雅，志必谦恭，动必礼节，举止和柔。"（语出南宋《小儿卫生总微论方》）清初名医喻昌在其所著《医门法律》里也说："医，仁术也。仁人君子，必笃于情。"

林巧稚从在协和医院做见习医生起，见到产妇疼痛，就会主动伸出双手抚慰产妇。有时宫缩来了，产妇屏住气，会把林巧稚的手捏得青紫肿胀，而她一声不吭。当时，协和医院妇产科主任有个叫韦尼克的外国人，他不理解林巧稚的举动："林大夫，你难道为病人拉拉手、擦擦汗，就会成为妇产科的专家吗？"哪里是拉拉手擦擦汗呢？那是一颗仁爱之心在向病人传递关爱的力量。林巧稚坚信，这是一个医生，一个妇产科大夫，最起码的也最重要的本质。

"作为一个医生，一举一动都要为病人负责；作为一个护士，一言一行都要从病人的利益出发。我们不仅要解除病人身体的痛苦，更要解除他们心灵上的痛苦。"林巧稚说。

许多参加妇科检查的女性常常会感到紧张，尤其是面对一群医生，特别是其中有男医生时，被检查者甚至会因羞怯而拒诊。

林巧稚最是善解且体谅女人的心理。她总是轻声安抚来诊的病人，当病人躺下，她会为病人遮挡好身体，而检查的动作也十分轻柔。有一次，一个年轻医生给病人做妇科检查时，没有拉好遮挡的布帘。林巧稚立即过去拉好布帘，又走到学生身边说："请你注意保护病人。"

看诊时如何对待病人，林巧稚非常注意这些细节。或许诸多细节和检查治疗的结果关系不大，但这些细节却可体现出医者对患者的尊重。林巧稚常说，所有的检查治疗都不过是方法和过程，它指向的目的只有一个，就是对每一个产妇或患者负责，维护她们的尊严权，让她们享有尊严。

产房里，时常能听到产妇疼痛的呼叫、呻吟。一次，一个实习医生不耐烦地斥责产妇："叫什么叫！怕疼，怕疼结什么婚！想叫一边儿叫去，叫够了再来生！"林巧稚得知后非常生气，她严厉地批评了那个实习医生，并要她向产妇当面道歉。

她对实习医生说："英语中'助产士'一词是'Obstetric'，意为站得很近的妇女。产妇把自己和婴儿两条性命都交给了 Obstetric——站得离她最近的人。你是唯一能给予她帮助的人，你怎么能够吼她？在这个时候，你甚至没有权利说你饿、你累、你困。"

她不允许妇产科室里任何人用语言刺激产妇。她总是告诉年轻的医生、护士，产妇不是病人，是需要特别关心和帮助的人。分娩时，产妇的激动、恐惧或其他情绪，会导致宫缩不规则，使产妇更容易疲劳和疼痛；医护人员不适当的言行，会刺激产妇的不良情绪，增加生产的痛苦。如果这时医护人员待产妇有良好的指导或温暖体贴的言行，就会促使产妇产生良好的情绪，起到良好的生理调节作用。

医者时时处处为患者的利益着想，是一服药，世间最贵且疗效最好的药。

林巧稚在协和医院工作了数十年，她负责的妇产科从没有和病人或病人家属发生过医患纠纷。

行笔至此，忽然记起，在美国纽约东北部的撒拉纳克湖畔，长眠着一位名不见经传的特鲁多医生，他的墓志铭久久流传人间：有时，去治愈；常常，去帮助；总是，去安慰。（To cure sometimes; To relieve often; To comfort always.）这句铭言，和中国古医所谓"医者仁心"有异曲同工之妙。这大抵亦可说是行医的真谛吧。

病人来到医院，因痛苦而软弱，因恐惧而焦虑。他们信任医生，把自己的身体托付给医生。医生是他们此时此刻的主宰，医生的言语行为决定着他们的希望与失望。医生须有妙术仁心，温情治愈病人。而病人，病人亦须有仁心，积极配合医生，不对医生有鄙薄轻视。互相施以仁心，又有医生妙手回春术，一切和平，人间即使有病痛，痛也愉悦着。

一生通透完美如琉璃

叶天士在《临证指南医案》中说："良医处世，不矜名，不计利，此其立德也；挽回造化，立起沉疴，此其立功也；阐发蕴奥，聿著方书，此其立言也。"

林巧稚行医"立德""立功"，亦"立言"。

林巧稚是中国现代妇产科学的主要开拓者、奠基人之一，她在"胎儿宫内呼吸""女性盆器结核""妇科肿瘤"等方面都有卓著的研究成果；尤其是对"新生儿溶血症"的研究，她创造出用脐静脉换血的医疗方法，填补了中国妇产科医学的空白。

如果将所有研究成果著书立说，林巧稚也是著作等身的人了，但她把自己的一些更为重大的研究成果送给了学生，让他们去完成学术著作，去名留青史。林巧稚自己一生编写的是《农村妇幼卫生常识问答》《家庭卫生顾问》《家庭育儿百科大全》这样科普性的读物，为的是让更多平民百姓从中受益。

林巧稚一生唯一的一部学术专著是《妇科肿瘤》。她的母亲因子宫癌而去世，所以她曾立志一定要战胜妇科肿瘤。60岁后，她自知在有生之年已不能彻底征服癌症，便将自己自1948年以来所积累下来的癌症追踪资料，全部交给了她的学生，请他们继续她未竟之志。

1983 年 4 月 22 日清晨，患缺血性脑血管病的林巧稚，在昏睡中，喃喃呓语："快拿来，产钳，产钳……"

这是一位精诚大医的赤子之心。

又不久，她那颗曾与万千新生命之心一同搏动的心脏停止了跳动。

在她的追悼会上，其遗像两旁垂下 4.5 米高的幛联，上面写着："创妇产事业，拓道、奠基、宏图、奋斗、奉献九窍丹心，春蚕丝吐尽，静悄悄长眠去；谋母儿健康，救死、扶伤、党业、民生，笑染千万白发，蜡炬泪成灰，光熠熠照人间。"

诗人屠岸有首诗，诗名便是《林巧稚》，诗云：

她的大名
由上帝确定
天下最巧的手
永远童稚的心

她的腹腔
始终空灵
放弃做母亲
为更高的母性

她从子宫里
巧迎千万生灵
到太阳光下

睁看新鲜晨星

上帝创造人

万苦千辛

只为了惜力

派她来效命

呼喊：妈妈！

无数稚嫩嗓音

她让世界

由哭声震醒

　　她一回回"震醒"世界，而这一回，她陷入沉睡，长长久久的沉睡。似远行，又似归去。世界安安静静，日光倾城。

　　她一生只做了一件事：创妇产事业，为母婴谋健康。只这一件事，已足够熠熠生光，光照人间。

　　她，一生通透完美如琉璃。

陈衡哲：我命由我造

陈衡哲（1890 年—1976 年），湖南衡山人，历史学家、作家、诗人和散文家。1914 年，考取清华庚款第一批女子留美官费生，先后在美国瓦沙女子学院、芝加哥大学学习西洋史、西洋文学。1920 年，应北大校长蔡元培之邀回国，被聘为北京大学西洋史教授，成为我国历史上第一位女教授；同年 9 月，与任鸿隽结婚。之后又先后任职于商务印书馆、东南大学、四川大学。学术思想独树一帜，代表作有《文艺复兴史》《西洋史》；文学作品有《小雨点》（短篇小说集）《衡哲散文集》《一个中国女人的自传》等，文笔清新而时有凌厉峻峭。

历史的森林深邃无际，有些人走着走着就不见了，哪怕当年再怎么是搅风云的人物，究竟熬不过岁月的磨洗。或许岁月本无意覆没谁，是人们太善于遗忘。

如今肯记起陈衡哲的人并不多了。

愿意翻旧事的，会发现，陈衡哲是个了不得的女子。她似横刀跃马驰骋沙场的骁勇女将，一生斩获了多个熠熠生辉的第一。她是中国官派公费赴美留学的第一批女大学生之一，是中国第一位执教北京大学的女教授，也是中国现代教育史上第一位女教授；中国新文学发展史上，她是第一位创作白话小说的女作家；中国现代儿童文学史上第一部儿童文学作品，是她的科学童话《小雨点》；1925年至

《小雨点》，陈衡哲著，1928年新月书店初版。陈衡哲1916年用白话创作了一篇小说《一日》，被夏志清认为是"最早一篇现代白话小说"。但《小雨点》迟至1928年才结集出版，其时风起云涌的新文学运动高潮已经过去，如果这部新文学小说创作的"尝试集"能提早到与胡适的新诗《尝试集》同时问世，它在文学史上的地位就大不一样了。

1960年间，有个深具影响力的国际组织叫太平洋国际学会，每两年举行一次会议，陈衡哲是连续四次出席该会议的第一位中国女学者。

说她拿第一拿到手软亦不为过。她所在的那个时代，似她这般取一个又一个"第一"如囊中之物的女子，应只有吕碧城可比肩。

如此人物，却也静默于历史深处，似一艘船沉入海底，似一辆车消失天际，又似一颗星子汇入繁星密布的银河，若非有意钩沉，这世界，仿佛她从未来过。觉得遗憾吗？其实也平常。人们从来只愿意看见于己有益或有用的人物。

世界需要有用的人。

如何成为一个有用的人？

你先做好自己，有自己的追求，有自己的成就，成为最好的自己。成就自己，你的能量影响你周围的人，你便是这世界上有用的人。

陈衡哲在她所处的时代，很好地活出了她的"有用"。她是女子，但她足以值得人们尊称为"先生"。即使置于今时今日来看，这个勇于造命的女子，她的所思所想、所行所为、所经所历、所得所获仍然很有启迪意义，尤其于女性来说。

不要认命要造命

杨绛91岁时，写过一篇《怀念陈衡哲》的文章；那一年，如果陈衡哲还健在，应是112岁。在文章中，杨绛称陈衡哲是"才子佳人兼在一身"。后来，人们为佐证陈衡哲的优秀，常引用杨绛的评语。审慎地说，这并不妥当。

1949年，在蔷薇盛开的春季，杨绛去学者储安平家赴宴，储安平向在座宾客介绍杨绛，席上有个叫刘大杰的，跌足感叹，钱锺书和杨绛"他们可真是才子佳人哪"。杨绛不善应酬，但有人送上赞词，她还是要招架的，慌忙地转了个题："陈先生可是才子佳人兼在一身呢。"陈先生便是陈衡哲了。彼时，任鸿隽、陈衡哲夫妇将往上海定居，那晚酒宴是储安平为任、陈夫妇践行。杨绛的陈衡哲"才子佳人兼在一身"说，实乃客套之词。

不过，陈衡哲的确了得，她是个敢于造命的人。

人间有命运论，说是世间的人自出生后，要去哪儿，行怎样的路，皆是命中注定了的。又有古话说："一生皆是命，半点不由人。"不少人信奉这命运论，随遇而安，别人给什么他就要什么，随便把他扔在哪个环境里他都能结结实实地在那儿待一辈子，最终活成了最平庸的样子。

有一种人例外，他能造命。所谓造命，老子如是说："君子有造命之学，命由我立，福自己求；祸福无门，唯人自招。"

弱者认命，强者抗命，能者求命，智者造命。

成功的人都是因为造命，而不是听从所谓的宿命。

陈衡哲勇于造命。1890年，她出生于江苏省武进县的一个官宦世家，祖上多是有见识有作为的读书人，父母又开明，所以她任着性子长一双天足，又随父母读书识字。但对她影响深远的是舅舅庄蕴宽。

庄蕴宽，字思缄，他也是个了得人物，清末长年在广西、广东等地做官，又致力于兴办学堂；辛亥革命后，曾出任民国审计院院长，亦是故宫博物院早期领导人之一。每逢庄蕴宽回乡省亲，陈衡哲就殷勤地前往探望。庄蕴宽见多识广，思想新潮，陈衡哲喜欢听他讲新奇故事。

故事里，是和当时中国迥然不同的一个世界，那儿多的是西方科学、

庄蕴宽（1866—1932年），中国
近代政治家、书法家，一生经历
了两个时代、四个时期。早期故
宫博物院卓越领导人之一，对阻
止军阀窃盗文物有着卓越贡献。

西方文化，更有来中国游历或生活的西洋女子。在故事里，陈衡哲恍似
做了一次次的国外旅行，大开眼界。

于一个正在成长的少年来说，开眼界，长见识，尤为重要。眼界决
定未来。眼界广者其成就必大。

舅舅庄蕴宽鼓励陈衡哲："你是一个有志气的女孩子，你应该努力
地去学习西洋的独立的女子。"

"我怎样方能学得像她们呢？"

"进学校呀！"舅舅说，"在广东省城里有一个女子医学校，你应
该去学医，你愿意跟我去学医么？"

舅舅还说："一个人必须能胜过他的父母尊长，方是有出息。没有

出息的人呢，才要跟着他父母尊长的脚步走。"

陈衡哲后来回忆说："这类的话，在当时真可以说是思想革命，它在我心灵上所产生的影响该是怎样的深刻！"

13岁那年，陈衡哲向母亲请求，去广东找舅舅，进学堂读书。读书并无不可，但小小年纪千里迢迢离乡求学，母亲究竟觉得不妥。陈衡哲不甘心，又是撒娇又是啼哭，使出一个孩子所能使出的所有招数，母亲拗不过，到底答应了她。那年秋天，舅舅回乡省亲，陈衡哲对他说了去广东读书的想法，舅舅赞同。

做了这个决定，陈衡哲痛哭一场。"这哭是为着快乐呢，还是惊惧，自己也不知道。"多年之后，在《陈衡哲早年自传》中，她这样写道："现在想起来，大概是因为这个决议太重要了，太使我像一个成年的人了，它在一个不曾经过感情大冲动的稚弱的心灵上，将发生怎样巨大的震荡呵！孩子们受到了这样的震荡，除了哭一场之外，还有什么别的方法呢？"

到了广东，庄蕴宽为陈衡哲联系了一所女子医学校。陈衡哲并不喜欢学医，但除了那个医学校之外又没有更好的选择。在那年月，学堂多是为男孩而设，女孩即使要识字也多是随着家教。陈衡哲想，医学就医学吧，有个学校进，总比不进学校要好。

遗憾的是，医学校拒收陈衡哲，因她未满18岁。

失望，难过，又能怎样？还好，舅舅每天总要忙里偷闲教她读书。那时流行的教科书有两种，一种是《普通新知识》，另一种是《国民读本》，舅舅便以此为基教育她。除此之外，舅舅还会为她阅读一些报纸杂志。但和舅舅对话，使陈衡哲收获的更多，因为舅舅传统文化根基深厚，现代的常识又极为丰富，这比书本上得到的知识和教训要充足与深刻得多。

如此受教诲一年，陈衡哲说："我便不知不觉的，由一个孩子的小世界中，走到成人世界的边际了。我的知识已较前一年更为丰富，自信力也比较坚固，而对于整个世界的情形，也有从井底下爬上井口的感想。"

在广东进不了学校，是个遗憾，但念念不忘必有回响，在广东生活不久，陈衡哲的舅母回上海探亲，舅舅便让舅母带陈衡哲一道去。上海有个爱国女校，创办人蔡元培是庄蕴宽的朋友，托着此层关系，陈衡哲可入学。临行前，舅舅又教训了陈衡哲许多话，特别指出她爱哭和不能忍耐的毛病，要她改过。他说："我不愿在下次见你的时候，一动又是哭呀哭的，和一个平凡的女孩子一样。我是常常到上海去的，一定常去学校看你。我愿下次再见你的时候，你已经是一个有坚忍力、能自制的大人了。别的我倒用不着操心，你是一个能'造命'的女孩子。"

造命，是庄蕴宽常常告诫陈衡哲的话。他说，世上的人对于命运有三种态度，其一是安命，其二是怨命，其三是造命。他希望陈衡哲造命，他也相信陈衡哲能造命，相信她能与恶劣的命运奋斗。

的确，陈衡哲是敢于造命的女子，在上海读书三年后，得知清华大学在上海招收公费留美学生，陈衡哲毫不犹豫地去应考，一考即中。有了好消息，要和最亲爱的人一起分享。她致信当时在北京任职的舅舅，舅舅回信："清华招女生，吾知甥必去应考；既考，吾又知甥必取。……吾甥积年求学之愿，于今得偿，舅氏之喜慰可知矣。"

在赴美留学前、于上海求学期间，陈父曾为陈衡哲定了一门婚事。父亲此举并无不妥，女大当嫁嘛，在那年月，二十出头的女孩多是已嫁人生儿育女了的，而陈衡哲还在读书，父亲心下着急。但陈衡哲不走寻常路，她不要像世间那些平凡女子一样，早早嫁人，早早将自己的命运托付给丈夫；相夫教子她不是不可以，现在却不是时候。受父亲家书所催，陈衡哲回乡，向父亲表明心志。父亲并不认同，他虽也是个开明人，但那时有几个女子可凭着学问在社会上立一个新天地？他只希望女儿可安安稳稳又不失幸福地过一生。得不到父亲的赞同，唯有一个路径可走，逃婚。如此这般，父亲也只好作罢。

成为自己想要成为的人，去过自己想要的生活，并为此而努力，活着本应如此。

陈衡哲写过一篇名为《运河与扬子江》的对话体散文，其中有这样的句子：

> 扬子江与运河相遇于十字路口。
>
> 河：……可怜的江，那你又何苦奋斗呢？……
>
> 江：何苦奋斗？我为的是要造命呀！
>
> 河：造命？我不懂。
>
> 河：我的生命是人们给我的。……
>
> 江：你不懂得生命的意义。你的命，成也由人，毁也由人；我的命，却是无人能毁的。

生命的意义在于奋斗。每一个不曾为理想的生活而奋斗的日子，都是对生命的辜负。生命因奋斗而精彩。奋斗来的生命是美丽的。

1914 年，陈衡哲赴美留学。中国官派公费赴美留学的第一批女大学生，她是其一。

这个从小县城走出来的女子，辗转广东、上海，她用了十年的时间曲曲折折地完成了其一生最初的蜕变。后人将这经历重述，是三言两语的事，轻轻巧巧，而当事人当年却尝尽了奋斗的辛苦，其间打倒了多少阻力、羞退了多少讥笑、征服了多少疑惑，有痛苦的安慰，也有愉悦的悲伤，泪是酸的，血是红的，其中种种悲苦，如鱼饮水，冷暖自知。

世间哪一种蜕变不需要煎熬风雨、忍受孤独寂寞呢？唯有不怕蜕变之痛，方能羽化成蝶。

好运气来自足够努力，命运只青睐有勇气造命的人。

人生最大的贵人是自己

那年求学广东，陈衡哲没能进得了医学校，这倒也不是件坏事。若是成功入学，兴许这世界就少了个摘取多个"第一"头衔的女作家、女教授，多了个平凡的女医生。不过也未必。鲁迅曾远赴日本仙台学医，后来觉得"医学并非一件紧要事，凡是愚弱的国民，即使体格如何健全，如何茁壮，也只能做毫无意义的示众的材料和看客"，所以，弃医从文，"改变他们的精神"去了。倘若陈衡哲当年也学了医，兜兜转转一番后未必不会弃医从文。

说起中国现代文学史上的白话小说，绕不开鲁迅的《狂人日记》，甚至有人认为那是中国第一篇现代白话文小说。其实，陈衡哲的白话小说《一日》比鲁迅的《狂人日记》要早。

在美国纽约，陈衡哲就读于瓦萨女子学院，即今日的瓦萨学院；在瓦萨女子学院，陈衡哲攻读西洋史、西洋文学，后又去芝加哥大学修得硕士学位。那时候，胡适也在美国留学。

1917 年 1 月，胡适发表《文学改良刍议》，积极倡导新文学革命。陈衡哲也为新文学呐喊助阵，她以"莎菲"为笔名写了一篇白话小说《一日》，发表在 1917 年 5 月的《留美学生季报》上。

《留美学生季报》是当时留美学生会主办的一份刊物。有趣的是，该刊物每年主编都不同，刊物的灵魂在主编，一届主编一种风格；后来和陈衡哲结为夫妻的任鸿隽 1915 年任该刊的主编，而 1917 年主编该刊物的正是胡适。

对于《一日》，胡适是这样评价的："当我们还在讨论新文学问题的时候，莎菲（陈衡哲笔名）却已开始用白话做文学了。《一日》便是文学革命讨论初期中的最早的作品。"胡适称陈衡哲是他倡导新文学革命"一个最早的同志"，并说："试想鲁迅先生的第一篇创作——《狂人日记》——是何时发表的，试想当时有意作白话文学的人怎样稀少，便可以了解莎菲的这篇小说在新文学运动史上的地位了。"

的确，鲁迅《狂人日记》写于 1918 年 4 月，首发于 1918 年 5 月 15 日的《新青年》月刊。陈衡哲《一日》比之早了整整一年。

除却写了中国现代文学史上的第一篇白话小说，是新文学运动的第一位女作家，陈衡哲还是中国第一个白话女诗人。1919 年 5 月的《新青年》杂志上，刊登了陈衡哲的一首题为《鸟》的诗，诗云：

> 我若出了牢笼，
>
> 不管他天西地东，
>
> 也不管他骤雨狂风，

> 我定要飞他一个海阔天空！
> 直飞到筋疲力竭，水尽山穷，
> 我便请那狂风，
> 把我的羽毛肌骨，
> 一丝丝的都吹散在自由的空气中！

陈衡哲文笔流畅自然，语言清新活泼又细腻，一登文坛便被人们誉为"才女"。

1920 年，才女陈衡哲从芝加哥大学毕业，回国后，胡适将其推荐给时任北京大学校长的蔡元培，由此，陈衡哲去了北京大学教授西洋近百年小史，这门课程相当于现在大学历史系中教授的世界近现代史。如此一个转折，陈衡哲便成为北京大学第一位女教授，也是中国第一位女教授。其后，陈衡哲还曾随丈夫任鸿隽转任四川大学、东南大学等高校教授西洋史。

或许有人会说，陈衡哲取得一个又一个成就，无非是因她总能在恰当的时候遇见恰当的贵人，有贵人相助自然容易成功。

其实，人生最大的贵人永远是自己。

有句话说，打铁还需自身硬。你若身无实力，纵使有人送你火炉送你风箱送你所有锻造铁器的工具，给你一整个打铁铺，你又能怎样？

这世界上，一些人爱混圈子，削尖了脑袋四处见缝插针结交名人，又总是炫耀自己认识谁谁谁，那又如何？自身若无斤两，和再多的重量级名流握手也是枉然。

每个人都是自己的贵人。自己先把自己扶起来，扶正了，站稳了，成为最结实最优秀的自己，再和最结实最优秀的人在一起，那时开花结果，如水到渠成，多的是花团锦簇的美事。

拿下一个又一个第一，不是历史选择了陈衡哲，而是陈衡哲选择了一条不甘平凡又积极进取的路，在她诸多荣耀之后，藏着她曾付出的无尽汗水和泪水。如她所说，她也曾陷于"屡次灰心失望的深海之中"，她所"受到的苦痛拂逆"，使她对自己产生极大的怀疑，"感到奋斗的无用，感到生命值不得维持下去"，而她到底选择做个勇者，"与恶劣的命运搏斗""再向那生命的渺茫大洋前进"。

深海之深，命运之恶劣，此间苦痛拂逆，无可与人言说；能诉出的苦都不是真苦，能说出的痛都不是真痛。生活之苦，弱水三千，自取自饮，自知冷暖，长夜痛哭之后，继续前行。所有的伟大都是熬出来的，以苦涩酝酿甘甜，每个人都得自己成就自己。

陈衡哲握着一杆生花妙笔，不仅为文还著史。1937 年版《中华民国名人传》称："女界中以史学家而兼文学作家者，陈氏一人而已。"

陈衡哲是个视角独具的史学家，她编著出版了《西洋史》《文艺复兴史》等著作，其中《西洋史》影响最大，被列为新学制高级中学教科书。

《西洋史》被胡适评为"一部开山的作品"，并且他认为"陈衡哲女士的《西洋史》，是一部带有创作的野心的著作"。所谓野心，是指陈衡哲在叙述与解释历史方面的创新。在《西洋史·导言》中，陈衡哲写道：

> 我们所要研究的，不是某某皇帝的家谱，也不是武人政客的

◀《西洋史》，商务印书馆 1926 年版。2002 年，陈
乐民在北京大学国际关系学院上"欧洲文明史
论"的课时，向学生推荐此书，说："到现在为止，
中国人写的《西洋史》当中，我还没有见到比这
本书写得更好的。"

行述，乃是我们人类何以能从一个吃生肉的两足动物，变成一个表现文明的人。因为我们要研究这个人，所以不能不研究他的思想行为，和与他有关系的重要事物；所以不能不研究政治、工业、农业、文学、美术、科学、哲学，以及凡曾帮助他，或阻止他向前走的种种势力。我们不但要研究这些势力，并且还要了解他们的原因和效果。这便是我们研究历史的目的。

现在我们研究的范围，虽然只以西洋各国为限，但无论哪一部分人类的历史，都具有普通和特别的两个性质。特别的性质，是某种人、某国人，所专有的；普通的性质，是人类所共有的。所以我们研究了人类一部分的历史，不但可以了解那一部分的人类，并且可以了解自己的一部分。

陈衡哲是秉持一种大历史观的。她认为历史不是片面的，而是整体的。研究历史不单要研究政治、经济或宗教，而是政治、宗教、经济，以及人类活动的总和。这种宏阔的整体史观是她治史的一大特点。

同时，因为陈衡哲是文学家写历史，所以她的史学著作是"史中有文，文中有史"，即她作历史叙述的文字也很有文学的意味。

对此，胡适评论道："陈女士在这一方面的努力，很可以给我们开一个新方向。"

写历史是很难的。难处之一在于历史材料是"死"的，时代愈久远，材料愈是"死"的；你可以搜集之、挖掘之，但你绝不能凭空"制造"之。然而，如何认识和处理这些"死"材料，使其"活"起来，那就要靠史家的想象力、认识力以及文采风华了。古人说，治史需要有史德、史识和史才。陈衡哲可说具备这三者了。

爱就爱得有风骨

陈衡哲追求独立自由、个性解放，她亦希望普天下女性皆可如此。

在她的文学作品里，随处可见这样的论调：

"为了这个男女平等的个性，我们便不得不要求一个女子发展个性的平等机会，一个在教育上，环境上，以及职业上的平等机会。"

"并不是说，每一个女子都须受到与男子同样的教育，或做同样的事业。我们不要求这类数学式的平等。我们所要求的，是一个与男子平等的发展个性的机会。"

"妇女们如欲与男子们争到真正的平等，根本上尚以自己的智识的解放、能力的修养，及人格的提高为最重要。"

"一个真正解放了的女子，必是受过相当教育，明了世界大势，有充分的常识，独立的能力，与自尊的人格的。"

这些言论，今日来看，依然适合现今女性学习。

但陈衡哲也说了，她不是一个"相信女权高于一切者"，她"不愿把男子看成妇女的敌人"，她只是"不相信智愚贤不肖的分类，是可以用一个简单的性别作为标准的"。

当年逃婚成功后，有很长一段时间，她是个独身主义者。但是，遇见任鸿隽之后，她的思想发生了微妙变化。

任鸿隽生于1886年，1912年赴美留学，先后就读于康奈尔大学和哥伦比亚大学。1915年他主编《留美学生季报》，那年夏天，陈衡哲投来稿件《来因女士传》，他读来很有兴味，称是"文词斐然，在国内已不数觏，求之国外女同学中尤为难得"。之后，他便向陈衡哲约稿，二人开始通信。

1916 年夏，任鸿隽邀了几个老朋友在伊萨卡郊游荡舟，其中还有个新朋友，那就是陈衡哲。虽书信往来多时，但在信外却是人生初见。任鸿隽称："一见如故，爱慕之情与日俱深。"

任鸿隽对陈衡哲一见倾心，不过，追求独立自由且抱着独身主义的陈衡哲此时对任鸿隽内心的波澜一无所知。

他心恋慕她，她却视他为友人，这真是人间寂寞的事呀。

在此时，陈衡哲和胡适相识了，牵线人是任鸿隽。

任鸿隽与胡适是中国公学的同学，1911 年赴美留学又与胡适同在康奈尔大学同校，彼此交情甚厚。1916 年，胡适担任《留美学生季报》主编，任鸿隽大力向他推举陈衡哲，这年 10 月胡适写信向陈衡哲约稿。

胡适，陈衡哲，一个才子一个才女，此间一相逢，甚有相见恨晚之感。二人书来信往，谈天说地论古道今，欢畅十分。当胡适发出文学革命主张，陈衡哲最先响应，创作白话诗创作白话小说。对此，胡适说："她对于我的主张的同情，给了我不少的安慰与鼓舞。她是我的一个最早的同志。"

留美期间，胡适、陈衡哲、任鸿隽是三个好朋友，互相通信。胡适曾如此回忆那段快乐时光："我们当初几个朋友通信的乐趣真是无穷。我记得每天早上六点钟左右，我房门上的铃响一下，门下小缝里'哧''哧'地一封一封的信丢进来，我就跳起来，捡起地下的信，仍回到床上躺着看信。这里总有一信或一片是叔永的，或是莎菲的。"

任鸿隽对陈衡哲的恋情，胡适是看得清楚的，他还曾作诗戏谑任鸿

◀1920 年 8 月 22 日是任鸿隽、陈衡哲的订婚日，
这是当天二人与胡适在东南大学的合影。

隽：“不知近何事，见月生烦恼。可惜此时情，那人不知道。”

陈衡哲不知道任鸿隽的爱意，那么，胡适知道他自己和陈衡哲之间到底是怎样的一种情感吗？

时人以及后人总在推测着陈衡哲对于胡适的感情，或者说，胡适对于陈衡哲的态度。

根据很多学者的猜测，例如胡适的弟子唐德刚，他认为胡、陈通信期间确实心有灵犀，互有好感。从陈衡哲这方来说，胡适酷爱文史哲，又清秀潇洒，能言善文，从志趣上应该更符合陈衡哲对于理想对象的追求。从胡适的角度而言，他虽已听从母命和江冬秀定亲，但是这包办姻缘他并不满意，故有婚约甚至结婚以后，屡生外心，绯闻女友终身不绝。陈衡哲的自由意识和智慧才情，让胡适第一次体会到了中国现代女性的魅力，那又怎样？胡适并无胆量毁婚，再则他明知好友任鸿隽深爱陈衡哲，如此这般，纵使他心中对陈衡哲也有动心，想必亦只能紧紧按捺住。

1917 年夏天，胡适学成归国，同年冬天遵母命与江冬秀结婚。

1918 年，任鸿隽从哥伦比亚大学硕士毕业而后也归国了，只余陈衡哲一人形单影只地在美国继续求学。但是，1919 年 11 月，任鸿隽为筹建四川钢铁厂，受委托再去美国，考察炼钢方法、购买相关设备；他去往美国的第一站便是直奔芝加哥，看望在那儿继续深造的陈衡哲。从看望陈衡哲，到等陈衡哲毕业后一起回国，任鸿隽在美国停留了近 8 个月。

也是在那段时间里，任鸿隽终于叩开了陈衡哲的心门。在向陈衡哲求婚时，任鸿隽说："你是不容易与一般的社会妥协的。我希望能做一个屏风,站在你和社会的中间,为中国来供奉和培养一位天才女子。"

陈衡哲,她虽坚强,但她究竟是女子,有人说要为她遮风挡雨,给她一个清静安闲的家庭,和她一起对抗这个冷硬嘈杂的世界,要她如何拒绝?何况那个人一点都不差呢。

1920 年夏天,陈衡哲在芝加哥大学的学业结束,和任鸿隽一起回国,8 月订婚,9 月结婚。

从坚持独身主义,到与任鸿隽迈入婚姻殿堂,陈衡哲的内心有过哪些不为人知的波澜呢?只有她自己知道。

当时社会上已有流言,说陈衡哲素来暗恋胡适,只是大孝子胡适遵从母命娶了江冬秀,无奈之余陈衡哲才选择嫁给任鸿隽。

活着,谁不曾遭人说三道四?若为几句闲言就方寸大乱,那是自家修为不够,太搞不清一生是为谁而活。如任鸿隽所说,陈衡哲是不容易与一般的社会妥协的,外面山雨欲来风满楼,陈衡哲偏就迎着风迎着雨从从容容地冲洗了一张胡适的照片,放大,挂在客厅里。

这个女子,她真是有一种"虽千万人吾往矣"的惊人气魄!

她敬重"真正解放了的女子",她自己就是"真正解放了的女子"!

更使人无法不赞叹的是,1949 年后,胡适成了人人避之唯恐不及的"战犯""美帝国主义的走狗""国民政府的帮凶",旧友故人纷纷与胡适划清界限,而陈衡哲保持了沉默。

昔日读书交好时,陈衡哲曾用"金坚玉洁"来形容她跟胡适的关系。什么是金?当胡适的许多亲朋好友都纷纷对阵胡适的时候,陈衡哲的沉默就是金。什么是坚?当很多人都不再跟胡适来往的时候,1950 年代的陈衡哲依然通过留美的子女跟胡适秘密通信,这就是坚。

据陈衡哲的女儿任以都回忆：等到一九四九年两人（胡适与陈衡哲）分手之后，我们家里为了避免触犯时讳，便有个暗语，用"赫贞江上的老伯"来称呼胡适。家父去世后，家母即写信给我，要我赶快通知赫贞江上的老伯。我遵嘱写信给胡伯伯，他回了一封很长的信，很悲伤地说："政治上这么一分隔，老朋友之间，几十年居然不能通信。请转告你母亲，'赫贞江上的老朋友'在替她掉泪。"

要知道，1950 年代还跟胡适秘密通信，很有可能会因为勾结帝国主义分子胡适而被判有罪的，但陈衡哲依然不管不顾。隐语"赫贞江上的老伯"的背后，体现的是陈衡哲与胡适的情感。

这又何尝不是一种风骨？

所谓"疾风知劲草"，大抵亦是这般意思吧。

贤妻良母的自我修养

和任鸿隽结婚一年后，陈衡哲怀孕待产，当时她正在北京大学任教。一边是事业，一边是家庭，追求独立自由的陈衡哲如何抉择？她毅然辞去教职，回归家庭，相夫教子。

这让胡适感到尴尬了，因为当初陈衡哲去北京大学任教是他推荐的。1921 年 9 月 10 日，胡适在日记中写道："莎菲婚后不久即以孕辍学，确使许多人失望。此后推荐女子入大学教书，自更困难了。当时我也怕此一层，故我赠他们的贺联为'无后为大，著书最佳'八个字。但此事自是天然的一种缺陷，愧悔是无益的。"

当然，陈衡哲为此事也是愧疚不已，胡适在日记中说："莎菲因孕不能上课，他很觉得羞愧，产后曾作一诗，辞意甚哀。"

这不是陈衡哲一人的困境,而是世上所有女性的困境。男人有千万种能力便有千万条路可走,而女人纵使有千万种能力,也只有一条女性的路可走。

在小说《洛绮思的问题》中,陈衡哲借女主人公洛绮思之口还说过这样的话:"结婚的一件事,实是女子的一个大问题。你们男子结了婚,至多不过加上一点经济上的担负,于你们的学问事业,是没有什么妨害的。至于女子结婚之后,情形便不同了:家务的主持,儿童的保护及教育,哪一样是别人能够代劳的?"

这大抵亦是胡适所说的"天然的一种缺陷"。

不过,陈衡哲很快就走出了那种由于"天然的缺陷"而引发的忧伤。

忧伤又有何益?人要活在当下,不念过去,不畏将来。

陈衡哲说:"女子不做母妻则已,既做了母妻,是必不可以不尽力去做一个贤母、一个良妻的。"更何况,在她看来,"精微的母职,却是无人能代替······当家庭职业和社会职业不能得兼时,则宁舍社会而专心于家庭可也。"

这话出自一位"五四"时期功成名就的女作家、女学者之口,与"推动摇篮的手即是推动世界的手"出自一代天骄拿破仑之口,同样耐人寻味。

对"贤妻良母"这四个字,陈衡哲是这样理解的:家庭的事业是可敬的,虽然家务辛劳,牺牲很大,但做贤妻良母的人,都是无名英雄。她认为母职是人间最神圣又特殊的事业,所以为人妻、为人母的,应当尽力去做个贤妻良母,并由自己做模范,以培养儿童的人格。女性在服务家庭的同时,也能发展个人事业。因为"凡是靠了体力及智力所做的有目的和有成绩的工作，都可称为职业""贤妻良母的责任，不比任何职业卑贱"。

与其说陈衡哲换个视角看世界，世界大不一样，不如说陈衡哲有勇气有担当。

面对生活，陈衡哲从来不缺勇气和担当。

其实，女性的思想和性情、能力因人而异，她们可以选择不同的生活方式。但不管是走向社会追求事业，还是留守家庭专心母职，只要是有益于人类和社会，能体现出女性自身的独立价值，就值得敬重和赞美。

陈衡哲是个优秀的妻子。在家中，事无巨细，她一人决断，只为让丈夫心无旁骛地研究学问。她曾在一篇文章中写道："倘若连孩子洗澡这样的事情，都要叫爸爸放下手中的书本，跑过去连哄带劝，那么做父亲的也就太累了，做母亲的也就太不称职了。"她认为，妇女解放是女性从观念和行动两方面把自己塑造成对家庭、社会有用的新人，而不是自求多福、自寻轻松，盲目而孤立地对抗家庭和社会。

陈衡哲是个优秀的母亲，她用一生履行精微的母职。她和任鸿隽育有两女一子：长女任以都，获美国哈佛大学博士学位，后来在宾夕法尼亚大学执教；次女任以书毕业于美国瓦萨女子学院，大学毕业后，回国照顾双亲，任教于上海外国语大学，20 世纪 80 年代又重返母校瓦萨学院担任翻译工作；三子任以安获哈佛大学物理学博士学位，也在美国任大学教授，1992 年任全美地质学会会长。真是一家两代五教授，实堪称书香满门。

在日常生活中，陈衡哲对孩子的教育把关很严，外出见客也好，休闲娱乐也好，都要遵守一定的规矩。外出见客，一定要穿戴整齐，行礼

1923 年 9 月，徐志摩、朱经农、曹诚英、胡适、汪精卫、陶行知、马君武、任鸿隽等相约在浙江海宁观潮。右一为陈衡哲。

要落落大方。大人聚会说笑，小孩子要待在自己的房间里完成功课。平常看电影，一定要先经母亲审查，看看这部电影有没有教育意义？对儿童的身心是否有不良影响？而且不管到哪里看电影，一定要有人陪同，不得单独行动。

指导孩子该做什么，这是一般父母都能做到的。陈衡哲的独特之处在于她知道自己不能做什么。

不能做的事之一："别教孩子他们不喜欢的东西，这只会让他们讨厌某个学科。这个教训是我从父亲那儿学来的，因为他从来没教会我任何我不喜欢的东西。"

不能做的事之二："别教孩子不合适的学科或用错误的方法教合适的学科。"

这样的清醒，不是每个母亲都能做到的。

当然，陈衡哲为子女所做的不仅仅于此。

在陈衡哲看来，贤妻良母是一个女子的职责，但并非是一个女子终身的追求。尽管陈衡哲自己努力去做贤妻良母，她的认识却与一般的贤妻良母不同。有一次，长女任以都和陈衡哲聊天，说到一个女子即便不外出工作，相夫教子做得好，也算有成就。为此，陈衡哲将女儿足足训斥了一个钟头，骂她没志气。贤妻良母相夫教子自然要做，但怎可将此视为人生的唯一目标？

陈衡哲以身作则，终其一生从不放弃成为更好的自己。婚前她在新文学史上的种种成就自不必说，回归家庭后，她一边相夫教子一边著书立说，散文、小说写了若干，又创作了多部史论史著，她在西洋史的研究方面尤有建树。

她是现代知识女性，用了看似最传统的方式，照顾好一家人的生活，又实现了自己的人生价值。她很好地诠释了生为女子，如何兼顾社会角色与贤妻良母的责任。

在一个女性尚在黑暗中摸索的时代，勇于"造命"的陈衡哲以自己的胆识和才情，为自己赢得一份精彩又超然的人生。她的成功是幸运的，是艰难的，更是智慧的。

这样一个女子，这样一位先生，她不应该被时代忘记，不应走失于历史的森林。她一生写了很多书，她自己亦是一本书，值得后来人们一读再读。

撷取陈衡哲所撰《居里夫人小传》中的文字，和天下女子共勉，不，天下男子亦应以此自勉。字句如下：

> 天才是不受环境支配的。有天才的人，即使在陋屋破桌间，也能作惊人的科学发明；即使在黑暗囚室中，也能有奇伟的文艺创作。虽然优良的环境，比了恶劣的环境，有时更能帮助天才的成功，但环境的恶劣，也绝不能作为一个人失败的借口与推诿。

冯沅君：
且繁且简过生活

冯沅君（1900 年—1974 年），中国古典文学史家、教育家、作家。少年时代因起草致总统书迫使校长离职，便闻名京城。1923 年开始小说创作，陆续发表《旅行》《隔绝》等文章，并出版了短篇小说集《卷葹》《春痕》等，成为中国新文坛上与苏雪林、庐隐、冰心齐名的女作家。1929 年，与文学史家陆侃如结婚，此后个人志向转向学术研究。1949 年后，一直任山东大学中文系教授。1955 年，出任山东大学副校长。学术代表作有《中国诗史》《中国文学史简编》《中国古典文学简史》，均与陆侃如合著；独著《古优解》《孤本元明杂剧题记》《古剧说汇》等。

19 世纪末 20 世纪初，中国社会发生着剧烈变革。西风东渐，民俗文化变迁。落在女子身上，较为明显的映射是，她们藐视旧习，接受新式教育，倡导男女平等，追求婚姻自主。还有，似从沉睡中醒来，她们纷纷扯掉缠了一千多年的裹脚布，保全天足壮健。

　　裹脚布缠的时间太长，没那么容易说扯就人人都扯得掉。冯沅君就没能躲得过缠足，一生以三寸金莲行世。

　　不过，冯沅君脚小心大，一生撒着步子自由奔跑。她离乡求学，参与学生运动，自由恋爱，其小说中的主人公也尽是大胆而热烈地追求婚恋自由，她直言："人们要不知道争恋爱自由，则所有一切都不必提了，这是我的宣言。"

　　而我认为她更值得称道的是，一生自主，想做什么就做什么，开自己的花结自己的果，活在当下，海阔天空。譬如，她有兴致写作时，出两三部短篇小说集，其成就便比肩同时期的冰心、庐隐等人；转而做学术研究，又得了个文史家的名头。有才的人往往亦甚有财，她不缺财却视钱财如浮云，朴朴素素地活。

在现实的洪流中找见自己，又可自在地褪去浮华，淡泊归身，平淡从容且有为有味地过生活，此等人可叹可佩。

自主远行的三寸金莲

在唐河，冯家是个大家族。唐河冯家出了好几个了不得的人物。比如说最为抢镜的"唐河三冯"。长兄哲学家冯友兰，二哥地质学家冯景兰，三妹文史家冯沅君，这三兄妹，人称"唐河三冯"。

冯家祖上有一千多亩地，家中常有二三十口人吃饭。冯沅君的父亲冯台异光绪二十四年中进士，后来任湖北崇阳县知县；冯母吴清芝通晓诗书、思想开明，曾担任当地的女子小学校长。冯沅君1900年生，在这优裕的书香门第成长。

冯沅君原本不叫冯沅君，父亲为她取的名是"恭兰"，冯恭兰。她蕙心兰质是真，不过她活得真不恭顺，处处锋芒，如宝刀灿烂光华，快意春秋。"沅君"是她写作时使用的笔名，另有笔名"淦女士""易安"等；写作了得，大有成就，后人便以"冯沅君"称之。

早在1890年前后，康有为等人就树起"反缠足"大旗，发起天足运动，但缠足是中国古老习俗，正所谓"缠足难，反缠足更难"，要"放足"岂是说放就全社会皆得解放？冯沅君没逃得过缠足的厄运。民间谚语云："裹小脚一双，流眼泪一缸。"其惨其痛，可想而知。但她年幼，挣扎不得，父母要求什么就只能接受什么。

小脚一双，并未影响冯沅君后来大路闯荡。一个女子，三寸金莲，却似心有野马，活得张扬又浓烈。不过不必以为惊奇。形体从来束缚不了人心呀，捆绑奴役人心的从来只有人心。心无界，行无疆。

"父母之命，媒妁之言"的婚姻，冯沅君也没逃脱。在幼年，冯父便将冯沅君许配给了唐河县方庄的一个富家少爷。

还有呢，依着封建社会大家庭的规矩，男孩子六七岁时读书，家中请来先生私塾授课；女孩子六七岁后，也可同家中的男孩子一起上学，但过了十岁就得离开学堂，抛了诗书，一心学女红，修德言容。依着传统规矩，冯沅君十岁时告别学堂。还好，虽说学堂不许进了，但家人倒不阻拦冯沅君私下继续读书。

1917年，在北京读书的长兄冯友兰传来消息，北京国立女子高等师范学校面向全国招生，入学考试只考国文一门。冯沅君早就向往着像大哥、二哥那样离开故土去大城市，受新式教育，见识大世界。此时冯父已去世，家中由母亲主事，冯沅君对母亲说了要远行读书的想法。真是个泼辣女子，她对母亲直言：倘若家里怕花钱，那就把家里为她准备的嫁妆钱拿出来使，待将来结婚时，她一分嫁妆都不要。

听闻女儿要远行，冯母犹豫，却不是顾虑钱财。冯沅君有婚约在身，依着传统习俗，冯沅君要出外读书，得知会未来的夫家。那年月，哪有几个家庭有开明的心思宽容女子外出求学？"女子无才便是德"嘛，冯沅君的未婚夫家若知晓她要外出求学，兴许心里要嘀咕这女子不安分呢，接下来的事如何转合或许就较为难测了。冯母是个甚具魄力的女人，一番思虑后，她一不做二不休，为女儿收拾行装，送其北上；至于其他事，待事情如野草一样生出来时，再做了断。

就这样，1917年夏天，17岁的冯沅君离开唐河，随着兄长进京投考。她国文功底扎实，一考即中，顺利入读北京女子高等师范学校。

有的史料说，冯沅君是近代中国公办教育史上第一届女性大学生中的一员。

在我看来，求学北京女子高等师范学校，于冯沅君最大的意义是：她自此明白，人生命运可以自主掌握。心中知道自己渴望什么，想去哪儿，那么，去勇敢追逐，像离弦的箭、出膛的子弹。自主的人生才最有意思。

冯沅君就读北京女子高等师范学校之际，正值"五四"运动前夕，北京各大学的学生常常上街游行，呼吁反帝反封建，追求民主、自由。女高师的学生也积极响应，投身波澜壮阔的革命热潮中。

当时，女高师的校长是方还，这老儿思想较顽固，禁止学生上街参加爱国运动，下令紧闭校门，还特意派人在校门上加了一把大铁锁。冯沅君不受这约束，搬起石头砸开铁锁，为同学们开路，冲出校门。之后，她又执笔起草驱逐校长方还的请愿书，历数方还罪状，迫使方还辞职。

经此一事，女高师的师生们个个知道，冯沅君虽是三寸金莲但有着最奔腾的心魂，勇敢无畏。

翻看冯沅君这历经，有时恍惚觉得，她似那武侠小说里娇俏泼辣的侠女，素有霹雳心志，又修得一身好功夫，出了山门闯荡江湖，渡江渡湖，中流遇风波，她挥楫击流，三两个回合下去，江湖上便树了她的美名。

是她爱出风头追逐声名吗？不，一切非如此不可。她顺乎心性，似一头奋蹄疾驰的小兽，什么挡了路便朝什么踏去，踏平坎坷，活出一个自己喜闻乐见的世界。

在 20 世纪初，那时候，那世界，有太多需要砸碎的枷锁，不碎之，不得快活。比如封建家长制，说什么"凡诸卑幼，事无大小，毋得专行，必咨禀于家长"。冯沅君不吃这些。家子不是家长的附庸，家子应有独立的人格，自主，自立，去过想要的生活。冯沅君吃过自主的甜头，她有心愿便对家长讲出，家长给予最开明的回应，她得到了人和人之间应有的平等相待、相互尊重，她自主选择、自由成长，真是快活。她想要更多人体味这快活。

为宣扬反抗封建家长制，冯沅君将乐府诗《孔雀东南飞》改编成话剧。

可是，在演出时，无人愿意扮演焦母。这个封建家长形象的代表，傲慢又顽固，人人嫌弃。

冯沅君觉得好笑，角色扮演都不敢，还谈什么去反抗去摧毁？冯沅君挺身而出，演焦母。

在 20 世纪 20 年代的中国，登台演戏的鲜少有女性，女大学生粉墨登场更为罕见，这举动真是大胆得不得了。

或许人们都想看看女大学生如何活灵活现地去演一个恶婆婆，话剧《孔雀东南飞》连演 3 天，场场爆满。饰演焦母的冯沅君，一举成为备受社会瞩目的人物，轰动京城。

在社会上出尽风头的冯沅君并未荒疏学业，1922 年，她从北京女高师毕业后，又以第一名的成绩考取北京大学研究所国学门的研究生，研习中国古典文学。她是中国近现代教育史上由本国高校培养的第一位女研究生。在北大国学门学习 3 年，她又以第一名的成绩毕业。

这才是真正的自主。

照着自己的意思去生活，如野马在草原。野马自由，羁绊缰绳全挣脱，想吃的草儿想饮的江水悉数吃饱饮饱。但这是匹有智慧有追求的野马，脱缰食草饮水只为去往心中更辽阔更丰美的草原，而非顽劣无明地去放纵狂欢。

所谓自主，从来不是恣意狂欢，而是踩着自由的步子，一身智慧地和自己喜欢的一切在一起。

开自己的花，结自己的果

看冯沅君青春期，真是叛逆任性，叛逆得有道理，任性得有资本。

这个人儿，写起文章也毫不含糊。

在中国，"五四"运动前，也曾出现过诸如蔡文姬、李清照等女性作家，但她们的作品大多沉湎在个人的情感世界中，缺乏独立的生命意识和女性意识，没谁以理性的宏观思维去展现时代女性的群体命运。

到了"五四"时期，中国文学史上具有独立意义的女性文学出现了，一群女作家以前所未有的性别意识和创作姿态树立起了女性独立解放的鲜明旗帜，她们关注社会、探究人生、抒写女性命运。

开启中国女性文学的新纪元，扛起女性文学大旗的女作家，其中就有冯沅君。冰心、陈衡哲、庐隐、凌叔华、石评梅等人亦在此列。

那是 1924 年春天，上海创造社主办的《创造季刊》和《创造周刊》上，出现了一个名叫"淦女士"的作者，她接连发表了《隔绝》《旅行》《慈母》《隔绝之后》4 篇小说。这 4 篇小说虽各自独立成篇，但其内容、思想却息息相通，其中心主题都是争取妇女从封建压迫下解放出来。小说女主人公大胆而热烈地自由恋爱，为对抗旧礼教甚至不惜以死相搏。"淦女士"就是冯沅君；以"沅君"笔名行世，是 1924 年冬天的事，那时《语丝》创刊，冯沅君被聘为特邀撰稿人。

短篇小说《隔绝》的女主人公隽华，在外地求学，和一个叫士轸的男子坠入爱河。隽华已有未婚夫，是受"父母之命、媒妁之言"的包办婚姻；已有婚约，又去自由恋爱，这消息传到隽华母亲那里，母亲盛怒，斥责隽华大逆不道，并将其哄骗回家，一把锁一间小屋子锁了起来，与外界隔绝。

《旅行》中的女主人公"我"也是个已有婚约在身的女大学生，为了真正自由地爱一次，和恋人"旷了一个多礼拜的课，费了好多的钱"，来了一次说走就走的旅行。她这个恋人，已婚。一个有婚约在身，一个已婚，却就不管不顾地爱了，这态度，甭说在20世纪20年代，即使在今日也是要受非议的。

爱情是什么？

在中国传统文学话语体系中，"爱情"一词长期失落。受传统封建礼教制约，人们更重视婚姻里的夫妻关系。那时候，夫妻不必有爱情；一对男女在一起，只要门当户对、传宗接代就好。要什么爱情？爱情是什么呢？连鲁迅都说："爱情是什么东西？我也不知道。……不知道有谁知道。"

或许人人都知道爱情是什么，只是爱情常常以轰烈又疼痛的面目出现，它是背叛，背叛先前生活，去一条宛若在云端的路，而前路未卜。这多冒险。经世俗生活调教了的人们，更愿意要个无疼无痒的平淡安稳。

冯沅君不要。她清楚爱情要背叛要冒险，但她情愿诚恳地面对灵魂的真意，去赴盛大且华丽的未知之途，不惜冒险。她用她的笔，写她感知的爱情，大胆地，赤裸裸地，去呈现那涌动的春潮那纷纷的情欲。这很了得。为爱而写作的冯沅君，几个短篇小说发出后，一举成为20世纪20年代文坛的风云人物。

艺术虽高于生活但源于生活。冯沅君小说中所写，其实是她自己的恋爱经历。

而冯沅君究竟是幸运的，她的母亲是个开明人，不曾逼迫她完成年少时许下的婚约。1923 年夏天，冯沅君归乡，向母亲提出解除婚约。母亲自是大吃一惊，但到底准允了。母亲明白世俗惯有吃人的力量，不过，爱女心切，这力量更强悍而伟大。

冯沅君解除婚约，去追求她要的爱情。她爱上了一个有妇之夫，河南济源人王品青。在去北京读书前，王品青受父母之命和同乡的一个女子已正式结婚。

冯、王二人这情感，真是个离经叛道。大抵那时他们都认为离经叛道才是时代新青年。再说了，爱情有时真叫人昏头，哪怕明知似飞蛾扑火也还奋不顾身。

不过，冯、王爱情花开不久。

和王品青恋爱两三年，冯沅君渐渐发现，她不顾一切来爱的这个男人，已无可再爱。

曾经爱在心中开了美丽的花，为他甘愿忘掉世间一切，可是，恋爱始于刹那心动，心动过后就要对付俗世日常，从云端入凡尘，似素手剥洋葱，剥着剥着，就辣了眼。所有美好幻象尽失。

所有爱情皆始于幻象。心动刹那，人们爱的从来不是眼前那个真真实实的人，而是爱着在某一瞬间那人忽然生出的一种美好，放大又放大这美好，爱这夸张的好。俗世生活是一望无际的麦田呀，爱情是麦田上空飘荡的气球，当气球由云端落下，对柔韧麦芒，气球能经几个翻滚？

真的爱情，始于眼前人某一点某一滴的好，一点一滴的好又引见万万千千的好，似气球裹成皮球，随意生活弹拍，不破不灭，不离不弃。

冯沅君和王品青的爱却非如此。相爱简单，相处却是泥沙俱下，见了所有的好，也得见所有的不好，一寸不好灭一寸好，灭个干净，爱不复存在。

1928 年，冯沅君在短篇小说 *Epoch Making* 中，采用她最为擅长的第一人称自叙的表达方式，这样写道："某君虽然学问浅薄，但颇有才情，当时对我异常热，因此我很想成就他，安慰他在人生途中所受的苦恼。不意数年朋友的结果，他处处负我的期望；我于此发现我同他的志趣不合，我灰心之极！"

若诚如后来研究者所说，*Epoch Making* 是冯沅君在记述自己前后两段恋爱的三角叠加，那么，文中的"我"应是冯沅君，"某君"及"他"则为王品青。由此或可洞见冯、王分手之因。

在 *Epoch Making* 中，冯沅君又写道："我认识你——学问上的认识——是你在 E 报发表论文之后……待你冒雪进城看我，信上说了些热烈而缠绵的话……我自己很吃惊，我又遇见了奇迹，我的生命之流中又添了新水；我很怕，我怕我此后的生活将更痛苦，而且又害了你。在我这喜和怕的境地中，有人拆了你的信，此信又为某君所见，他为之病了，终于移入了医院——他原来对我的爱情还未尽泯灭。已谢的花儿是不能复上故枝，我对他此时的状况，只有怜，没有当年的热情了……"

这个"你"当为陆侃如。

和王品青的爱情气球破了后，冯沅君爱上了陆侃如。而王品青，他对冯沅君的爱还未尽泯灭。真巧，陆侃如写给冯沅君的情书，被人偷拆，并且被王品青看见，身染肺病的王品青再加心病，据说疯了，不久亡逝。

◀《中国诗史》（上、中、下），人民文学出版社 1956 年版。

关于王品青之死，和其甚熟识的周作人给出这样的评论："品青的优柔寡断使他在朋友中觉得和善可亲，但在恋爱上恐怕是失败之原……"

从王品青那儿看，此一场爱是出悲剧；从冯沅君这儿看，她不过是忠诚地听从自己的内心，不委屈自己。

爱了，就不顾一切去爱；不爱了，就决然分开。所谓恋爱自由，大抵如此。

在爱情里，没有谁对谁错，只有适不适合。

爱或不爱，人都要坦然从容面对。当初为着在一起有多勇敢，不在一起时就要有多坚强。人要爱也爱得起，放也放得下，方不辜负以爱情之名所赴的盛宴。

陆侃如小冯沅君3岁，一出"姐弟恋"。如冯沅君所言"我认识你——学问上的认识"，陆侃如的确是个学问了得的，他读北京大学时，大一出版学术论著《屈原》，大学毕业时又出版论著《宋玉》，之后考入清华大学研究院专攻中国古典文学。对，冯沅君在北京大学研究所国学门读研究生时，研习的也是中国古典文学。二人志同道合。

1929年春天，陆、冯结婚。婚后，冯沅君不再写作小说。

前前后后，在文学创作上，冯沅君出版了三部短篇小说集：《卷葹》《春痕》《劫灰》。她的作品，有个不变的主题：女子当和男子一样，去接受教育，去自由婚恋，旧礼教旧规矩要无所畏惧地去挣脱。活着，当有根植于内心的独立的勇气和自信，更要有自主生活的智慧，有为地活着。

三部短篇集，不多，却沉甸甸，中国女性文学史上刻下了冯沅君的

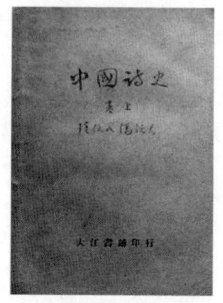

《中国诗史》，大江书局 1931 年版。

名，似树上缀了丰硕的果。

人活着，就是要开花结果啊。循着光，找自己的位子，开自己的花，结自己的果，使自己的生命更有重量更有价值。

在这个世界上，古今来来往往那么多人，被世界记得的，都是在自己的生命树上结出果实的。

智慧人生的加减法

人生是个学习先做加法后做减法的过程。要做好加法，更要做好减法。成长是做加法，成熟是做减法。生命在这一加一减中趋于丰盈。

冯沅君的前半生可谓做足了加法，三寸金莲离乡求学，参加爱国运动，自主婚恋，在文坛赫然扬名；后半生，她做足了减法，和一人终老，一心沉浸学术研究。

她读书求学时候研究的本就是中国古典文学，成为婚恋作家冲入文坛，是那时青春关于爱情关于婚姻她有想说的话，说完了，她转身回书斋，开始她的学者生活。她的第一个学术研究成果是和丈夫陆侃如合著的《中国诗史》，1931 年出版。陆侃如写古代诗史、中代诗史，她写近代诗史。

《中国诗史》出版后，成为继王国维《宋元戏曲史》、鲁迅《中国小说史略》之后的又一部具有开拓意义的中国古典文学专著，亦被誉为中国第一部"有系统的诗歌史"。鲁迅 1933 年在致曹靖华的信中，推荐"可看"的文学史共 5 种，其中就有《中国诗史》。即使在今日，《中国诗史》仍在学术界放射耀目光彩。

1932 年，陆侃如、冯沅君这对"学术伉俪"又合著出版了《中国

◗《中国文学史简编》，开明书店 1932 年版。

◗《中国文学史简编》（修订本），作家出版
社 1957 年 7 月 1 版 1 印。

文学史简编》，这是一部全面系统地叙述中国文学发展史的专著。毛泽东晚年热衷于阅读和推荐中国文史哲研究著述，《中国文学史简编》是他经常翻阅的案头读物之一。

抛开小说创作，投入学术研究，一出手便是两部产生广泛影响的专著，不得不称道冯沅君了得。而这两部专著，皆有丈夫陆侃如搭档合力，由此亦可见冯沅君的择偶智慧。

婚姻是一种生活方式的选择。选择了什么样的婚姻，就选择了什么样的生活。选择，是一种智慧。人人都有选择的权利，但只有用智慧做出正确选择的人，才能成就最好的自己。

人生是一个个选择叠加起来的总和。

也是在 1932 年，冯沅君夫妇选择了去法国留学，就读巴黎大学文学院。留学的资金来自夫妇二人的工资和稿费，颇为有限，二人在巴黎过着清贫生活。但对知识的渴求，以及强烈的事业心，使他们甘于清贫终不悔。1935 年，二人均以优异的成绩取得文学博士学位。在当时，能够取得法国文学博士学位的中国人可谓凤毛麟角。

1935 年夏，冯沅君夫妇归国。冯沅君去了河北女子师范学院任教，陆侃如去了燕京大学。

1937 年 7 月 7 日，日军挑起卢沟桥事变，中日战争全面爆发。国难当头，冯沅君夫妇颠沛流离的生活也开始了。八年抗战间，他们辗转于云、贵、川、粤等地教书，为国培育人才，同时积极投入爱国抗战文艺活动。

在这流离失所、艰难困苦的恶劣环境中，冯沅君仍以惊人的毅力，继续古典文学、古代戏剧的研究和著述，先后完成了十多篇颇有价值的学术论文，如《南戏拾遗补》（1939年）、《〈金瓶梅词话〉中的文学史料》（1940年）、《古优解》（1941年）、《孤本元明杂剧抄本题记》（1943年）、《金院本补说》（1943年）、《汉赋与古优》（1943年）、《古优解补正》（1944年）、《古剧四考跋》（1945年）、《天宝遗事辑本题记》（1945年），等等。

生活岂能尽如人意，但无论欢乐或悲伤，人都要竭尽全力去活，活在当下，活好当下。生活就是此时此刻的一切。生活就在此时此刻。

1947年夏天，这时抗日战争胜利已有两年，国内形势日益趋好，冯沅君夫妇应山东大学校方邀请，赴青岛执教。冯沅君素来向往风光如画的海滨，得偿所愿，在物质生活上又有保障，她做学术研究的劲头更足了。这一年她出版了学术专著《古剧说汇》。

《古剧说汇》是继王国维的《宋元戏曲史》之后，中国戏曲史上又一辉煌巨著。冯沅君的研究成果，解决了宋元戏曲的形成、创作和演出中的许多具体问题，对研究中国戏曲史有着重要的参考价值。

1953年，全国高校教师评级时，陆侃如、冯沅君夫妇双双被评为一级教授，而当时山东大学一级教授只有3人。冯沅君更是新中国第一位女性一级教授。

冯沅君，这位有着三寸金莲的一级教授，她穿皮鞋，鞋里塞了棉花，小脚行走，有点一摇一摆，自是吃力，但在学术之路上，她走得开阔畅达。

1954年，冯沅君受教育部的委托，同游国恩、王起等教授合编《中国文学史教学大纲》，为全国高等学校文科的中国文学史课，提供了讲授的依据。后来，她又与北京大学林庚教授共同主编《中国历代诗歌选》，该书被许多大学中文系选作教本，还曾获得国家教委统编教材一等奖。

学术研究硕果累累，冯沅君教书授课也深受学生欢迎。她讲课扎实，总会事先准备好充足的卡片，上课时先在黑板上写好提纲，然后照着卡片一张张地慢慢讲解，学生听得详细，记笔记也很容易。

晚年，冯沅君患了直肠癌，病危住院时神智已不大清醒，但还时时惦记着为学生讲古典文学。冯沅君去世后，陆侃如撰文回忆说：在医院，冯沅君常常要护士或大夫扶她到病房隔壁去，因为隔壁有一间护士办公室，她误以为是学校的教室了。一走进去，她就坐下大声讲课。她这种下意识的行为，在场的所有人见之无不动容。

要有多爱，才能一直念念不忘，哪怕病入膏肓？

从旧式女子到追求女性解放的新青年，到婚恋作家，再到大学教授、史学家，冯沅君不停地更换跑道，或多个跑道交叠前行，每条跑道上，人生的每一个阶段，她都交出了一份漂亮的成绩单。

面对生活，她总有智慧做出对的选择。选择自己所爱又最适合自己的，爱自己所选择的，将事情做到极致的好，使优秀成为一种习惯。

人的朴素源于自信

冯沅君有钱吗？

知名作家，著名史学家，一级教授，山东大学副校长，山东省妇联副主席，山东省文联副主席……这么多身份，身份背后是成就，是荣耀，这些，悉数集于一人之身，这样一个人，她的经济收入会坏吗？

有可观的工资，又有可观的稿酬，钱财充裕富足，但冯沅君生活朴素得可叹。

且看她的屋子。

"一九六二年，乘工作之便，我曾到她家去过一次。室内的陈设非常简陋。她喜欢买书，但书架子几乎是用几根棍子支起来的，给人的感觉是住旅馆，好像明天就要搬家的样子。"这是她的长兄冯友兰去她家后的观感。

她的袜子呢？

传说冯沅君家中有一大一小两副袜底板，袜子穿破了，她就套在袜底板上补补再穿。这经验，她不忍私藏，便向亲友推介，说用袜底板补出的袜子那叫一个平整，穿着实在舒服，不妨一试，亲自感受。后来，她又发现，着实无法再缝补的袜子，可以将袜筒剪下来，用来补破袜子，穿着更舒服。那么，不难想象，她的袜子是怎样一个模样。

袜子都是缝了又缝补了又补，要她常常添新衣，真不知谁有这个能耐。

再说买菜。

冯沅君重重身份之外还有一个更重要的身份，家庭主妇。家庭主妇怎少得了去菜市场？冯沅君去菜市场不但要提着菜篮子，还要带一杆秤。秤称公平。菜市场的小贩们不实诚，爱干缺斤少两的事儿，冯沅君不喜欢，但她不和他们斗嘴，回回买菜，菜贩子称了，她再用自己带的秤称一下，要菜贩自己看，用事实说话。菜贩们也是落个心服口服。不过，大学教授买菜带秤的事，不胫而走，传闻于坊间。

还有还有，冯沅君教书授课，她的讲稿本也很不一样：稿纸正面用完了，反面接着写讲义。丈夫陆侃如带回家的文件材料，过期后冯沅君会一一整理好，不可以随意丢掉，因为那些纸张反面是能拿来书写的。

有一回，冯沅君想请一位年轻的同事帮她查个资料，要查询的内容，她清清楚楚地写了纸条，放在办公桌上。不过，这字条是写在废纸背面的。那位年轻同事粗心，又不甚了解老教授的生活作风，以为废纸就是废纸，随手扔了。可是，纸条在哪儿呢？老教授明明说放在桌上了呀，怎么左寻右寻不见？

据说，当年，在山东大学，关于冯沅君生活朴素的轶事足有一大箩筐。

这样一个冯沅君，和当年那个风风火火赴京求学风风火火闹学潮，又泼辣地追求女性解放鼓励自由婚恋的冯沅君，似乎不一样呢。哪儿不一样呢？没什么不一样。没谁定了规矩说心有野马的人就必是爱繁华好精舍好鲜衣的？纵使有规矩，又怎缚得了她？妨碍了自在生活的无益规矩，她惯于砸碎。

她就是这样一个人，当豪纵时豪纵，当朴素时朴素，按自己的意思过生活，且繁且简，亦行亦藏。

人的豪纵或有千百个来因，人的朴素只源于自信。

朴素的人，其衣着，其谈吐，其表达，其行为，其之所有，皆不遮不掩地从从容容地向人袒露。一个充分相信自己且清楚地知道自己价值所在的人，才敢于坦坦荡荡地向人展露自己的本真面目。

朴素的人，清澈而透明，可亲又可近，而且可敬，其周身上下洋溢着一种优雅的自信之美。

冯沅君朴朴素素生活，趋俭趋简，这是待己。待人，她常解囊相助毫无吝色。解放前夕，有位进步的哲学家遭反动派追捕，不得已而隐匿在胶东，其家属则面临断炊危机，冯沅君得知后，亲自送去四十块银圆，接济其家人生活。

患病辞世前，某天，冯沅君和同事、山东大学王仲荦教授闲话，言及身后事，冯沅君说："我一介寒儒，亦无后嗣，能为后世留点什么？我想个人艰窘一点，存几个钱，身后让国家做学术奖金，奖掖后人吧。"

1974 年 6 月 17 日冯沅君病逝。

1978 年 12 月 11 日，陆侃如也离开了这世界。临终前，陆侃如依着冯沅君的遗嘱，将其夫妇二人一生所珍存的全部书籍及 6 万元积蓄，全部捐赠给山东大学。在 20 世纪 70 年代，6 万元人民币堪称巨款。山东大学以这笔钱为基金，设立了"冯沅君文学奖"，鼓励为祖国的文化学术事业而努力的有成就的文学教学研究工作者。

这是"一介寒儒"最后的慷慨。

林徽因：双脚完全自由地行走

林徽因（1904年—1955年），中国著名建筑师、诗人、作家。1920年4—9月随父游历欧洲，立下了攻读建筑学的志向。1924年同梁思成留学美国，入宾夕法尼亚大学美术学院，选修建筑系课程。1928年春，同梁思成结婚。1928年8月，夫妻偕同回国，一起受聘于东北大学建筑系。1930年以后，同梁思成一起用现代科学方法研究中国古代建筑，成为这个学术领域的开拓者，后来在这方面获得了巨大的学术成就，为中国古代建筑研究奠定了坚实的科学基础。在从事建筑科学研究之余，林徽因也从事文学创作，代表作有《你是人间四月天》《莲灯》《九十九度中》等。

关于林徽因，人们谈说得太多了。

遗憾的是，大多人议论几百个来回，无非是说哪些男人爱恋她而她又爱恋哪个男人，或说她有美貌又才情足，写得一手好诗文。依赖那些零零碎碎又或真或假的逸闻，人们拼凑出了他们想象中的林徽因，给她足够的传奇和绚烂，也给她足够的嘲讽和争议。

林徽因若还健在，大抵并不会着意辩解什么，她也不认为有必要对任何人解释什么。逼得紧了，至多也就似她当年对待冰心那般，回敬大众一瓶山西老陈醋。

有何好辩解的？且说男女感情，感情的事儿从来都是当局者清，旁观者呢，旁观者从来都擅长踩着蛛丝马迹扑上来热热闹闹地评头论足，假装很清醒，并且他们只肯依着他们私己的生活经验去相信他们愿意相信的。

若说有值得解释的，林徽因或许会直言相告，别动辄就拿她姣好的容貌说事儿，在她看来，那是她身上最不足称道的东西。当年金岳霖称她"林下美人"，她毫不客气地反驳："真讨厌，什么美人不美人的，好像

◀最初设计的国徽图。

◀国徽设计图。

◀国徽。

一个女人就没有什么事可做，只配作摆设似的！我还有好多事儿要做！"

林徽因做得的事情，比如建筑，你站在天安门广场的中轴线上，向北看，天安门城楼上的国徽庄严肃穆；向南看，人民英雄纪念碑的浮雕底座伫立在广场中心。国徽和纪念碑浮雕底座的设计，林徽因都参与其中，且是主要设计者。一个人一生中有此两项成就，已属了不得，而林徽因并不仅仅有这些。

翻译家文洁若如此回忆并评价林徽因："林徽因是在中国的文艺复兴时期脱颖而出的一位多才多艺的人。她在建筑学方面的成绩，无疑是主要的，然而在诗歌、小说、散文、戏剧等方面，也都有所建树。"

汉学家、美国人费慰梅一语概之，她说，林徽因"能够以其精致的洞察力为任何一门艺术留下自己的印痕"。

这样一个女子，若在谈说她时，只看见她的美貌和情爱韵事，真是一叶障目，遗憾得紧。

在我看来，林徽因论学问论风骨都担得起"先生"的称谓。

但我又想，先生学问深厚，这功夫并非

人人可学得或抵达，而其风骨倒是人人可以借鉴及追求。尤其女子，倘若欲追求活得独立又绚烂，林徽因真是个好范本。

摩登女子的凡俗与雅致

林徽因貌美，世人皆知。

金岳霖爱慕了林徽因一生，"林下美人"之美誉便出自他口。但我倒想舍了金岳霖的赞誉，另寻出几个和林徽因关系微妙的人，看看她们如何谈说林徽因之貌。

林洙，林徽因去世后梁思成又娶了个妻子便是林洙。1948年，林洙的父亲写信给林徽因，请她帮助女儿林洙进入清华大学学习；林洙初次进入清华园，去梁家拜会林徽因，彼时林徽因刚做了肾切除手术，肺结核也到了不治的晚期，如此一个被疾病折磨的人儿，林洙见了依然感叹不已："她是我一生中见到的最美、最有风度的女子。她的一举一动、一言一语都充满了美感、充满了生命力、充满了热情……她是那么吸引我，我几乎像恋人似的对她着迷。"

徐志摩的前妻张幼仪，和林徽因关系最为微妙，她认为若非半路跳出个林徽因，徐志摩不会和她离婚；她至死都不肯原谅林徽因。但是，说起林徽因，张幼仪也不得不承认，林"是一位思想更复杂、长相更漂亮、双脚更自由的女士"。

如果说在张幼仪心中林徽因是她和徐志摩之间的第三者，那么在徐志摩第二任妻子陆小曼心底，林徽因堪称是"万恶的前女友"了，因为纵使和徐志摩结婚后，陆小曼还是能清晰地感觉到，林徽因如同一个挥之不去的阴影时时浮现在她和徐志摩之间。陆小曼也是个风华绝代

◖少女时代的林徽因。

　　的美人呀，据说"中外男宾，固然为之倾倒，就是中外女宾，好像看了陆小曼也目眩神迷，欲与一言以为快。而陆小曼的举措得体，发言又温柔，仪态万方，无与伦比"。就是这样一个教人目眩神迷的陆小曼，在林徽因面前也生出了各种自卑，她在日记中写道："她（林徽因）果真有这样好么？一个女人能叫人在同时敬爱，那真是难极了。有一种人，生来极动人的，又美又活泼，人人看见了能爱的，可是很少能敬的。"偏偏林徽因就做到了让人既爱又敬。陆小曼还喟叹："我又哪儿有她（林徽因）那样的媚人啊？"

　　下面请冰心登场吧。人人都知道，冰心写过一篇影射林徽因的小说，《我们太太的客厅》。在小说里，冰心对林徽因极尽嘲讽之能事。细细论起来，冰心、林徽因二人是蛮有交情的。当年，在美国留学，冰心的

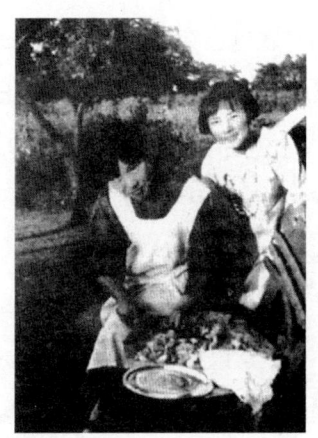

林徽因与冰心。

丈夫吴文藻和林徽因的丈夫梁思成是室友，四人常有相聚，还留下了一张野餐聚会的合影。但冰心、林徽因之间真的不存在友谊。为什么？文人相轻？或许吧。从另一个层面来看，女人和女人之间最是热爱攀比，攀不上比不起了，因嫉妒而生怨也不是什么稀奇事。纵然如此，冰心也无法不认同林徽因是"一个明眸皓齿能说会道的人儿""十六七岁时候尤其嫩艳"，又说"她很美丽，很有才气"。

看，她们和林徽因的关系都谈不上融洽，但她们又异口同声说林徽因貌美。要一个女人去称赞另一个女人美丽，得有多难啊！更难得的是，好多个骄傲的女人一齐赞叹那个她们视为劲敌的女人，赞她美貌。

林徽因之美，实在无须赘言了。

美人林徽因对自己的言行举止和着装，从来不马虎。她喜欢剪一头清爽的短发，前额烫几个优雅的小卷，极为可爱。哪怕是跋涉于深山僻壤，四处调研古建筑，她也会穿着平跟短靴，戴上遮阳帽；就算是因病消瘦，也随时保持风度。历史学家、美国人费正清，即费慰梅的丈夫，他眼中的林徽因是这样的：她穿一身合体的旗袍，朴素又高雅，别有一番韵味，东方美的娴雅、端庄、轻巧、魔力全在里头了。

天生丽质的人都这么注重装扮，姿色平常的女子还有什么理由不努力打理自己？

生得美，又品位不俗，常以摩登时尚的形象示人，这样的女子落到日常生活里，如何料理俗务？

谁若认为林徽因惯会娇滴滴地端着美人架子十指不沾阳春水，真是大错特错。

林徽因活得清醒，在外她尽其所能地挥洒其才华，不负才华，要世界看见她的光鲜亮丽；归于内她明白她是妻子是母亲，她尽了力气承担起为妻为母的责任。

这么说吧，1937 年于林徽因来说，是个分水岭，将她的人生截然分开。1937 年之前的林徽因，春风得意地活，俗世女人渴望得到的她皆毫不费力气地拥有了：出身名门，事业通达，婚姻美满，儿女双全。1937 年之后的林徽因，生活突然来了个大反转，她不断地在失去：疾病夺去了她的健康，战争令她流离失所，事业中断，至亲接连离世。

如何了解一个人？不仅要看他在顺境时说什么做什么，也要看他在逆境时说什么做什么。顺境能够看一个人的先天品性，逆境能见一个人的后天品行。浮浮沉沉里如何作为，最能呈现一个人的精神。

1937 年 7 月 29 日，日军攻陷北平；同年 9 月初，梁思成、林徽因一家离开北平，走上流亡之路。这对学者夫妇曾经生气勃勃又优越舒心的日子，一去不复返。这一年，林徽因 33 岁，她的锦绣年华，从此碎成*丝丝缕缕*。

从北平辗转迁徙长沙，林徽因说他们把当时中国所有的铁路都走了一段。到了长沙，想法子安顿下来，继续生活。

有个事实或许有必要陈述一下：1923 年 5 月 7 日，梁思成在北平参加学生游行，发生车祸，断了右腿，自此跛足；后来又患了脊椎软骨硬化病，长年要穿着笨重的铁马甲以支撑弯曲的腰椎。他身骨有疾，许多事自是不方便做，就只能由妻子林徽因做了。

抗战时期被日寇轰炸后的长沙。

在长沙，林徽因致信沈从文，叙说生活状况："我是女人，当然立刻变成纯粹的'糟糠'的典型，租到两间屋子烹调，课子，洗衣，铺床，每日如在走马灯中过去。中间来几次空袭警报，生活也就饱满到万分。"

有空袭警报倒还好，有一回，没收到任何警报，日本的轰炸机就到了头顶上。炸弹落在距住房大门 16 米的地方，房子随即四分五裂。全然出于本能，梁思成和林徽因立即各抓起一个孩子往外跑，还没来得及跑开，又一批炸弹落下，抱着孩子的林徽因刹那间被震得抛到空中，又摔到地上，还好没受伤，起身再跑，冲到黑烟滚滚的街上。

说起这经历，林徽因幽默地形容为"生活饱满到万分"。真是个坚韧有趣的女人。

在疲惫的生活里能保持幽默感，这是需要力量的。

长沙不宜久留，林徽因一家再颠簸跋涉，取道贵阳去昆明。走到湖

林徽因与梁思成。

南和贵州交界处的晃县时，林徽因病倒了，感冒引发肺炎，有时高烧竟达 40 多度。那时尚没有抗生素类药物，肺炎是较难治疗的病症。幸好同车人中有位女医生，为林徽因开了中药方，两周后林徽因高烧缓慢退尽。经过这场大病，林徽因的身体虚弱了许多，也为她后半生缠绵病榻埋下了祸根。

在昆明，生活贫困，为养家糊口，林徽因拖着病体每星期来往爬四次山坡走很远的路去云南大学为学生补习英文，她说她就像是一辆在滇缅公路上磨到焦头烂额的车子。对了，在昆明的住所，是梁思成、林徽因自己设计建造的，这也是两位建筑师一生中为自己设计建造的唯一一所房子。此外，林徽因还为云南大学设计了具有民族风格的女生宿舍。

现实生活千疮百孔，林徽因却葆有一片诗心。她爱昆明这高原春

◀梁、林昆明自建土屋俯瞰。

城绮丽的景色，在写给美国好友费正清夫妇的信中说："这儿的阳光总是异常的明媚，天空昼夜湛蓝，云朵自在惬意地飘动。"她还曾写过几首诗吟咏那"荒唐的好风景"。

荒唐的好风景，非有诗心不能见也。

雅致的人，纵使在糟糕透了的天地里，也能活得意趣盎然，舒展而明朗。

1940 年 12 月，林徽因一家又从昆明迁徙到四川宜宾附近的山村李庄。这是真正的穷乡僻壤，气候阴冷潮湿，对患过肺病的人很不利。到李庄不久，林徽因肺病复发。从那时起，她就经常发烧卧床，再没有享受过健康人的快乐。

林徽因曾在文章中有过这样的感喟："生是如此艰难，死是如此容易。"没有比活着更美好的事，也没有比活着更艰难的事。活着，或许正因为异常艰难，活着才具有深刻的意义。

在李庄，身为一个妻子、一个母亲，林徽因说"我必须为思成和两个孩子不断地缝补那些几乎补不了的小衣和袜子"，但她也承认，这比

◀林徽因给女儿画的漫画。

"写一整章关于宋、辽、金的建筑变迁或描绘宋朝都城还要费劲得多"。

一个女人，其强项不在操持家事，但她不躲避，上前去，用一双写诗的手在琐碎又艰难的日常里，为兵荒马乱的生活绘制建筑图纸，再一寸一寸施工，虽姿态笨拙但也开了该开的花、结了该结的果。她是一个多么热爱精致和完美的人啊，但她愿意接受并融入这个有缺陷的世界。

林徽因的美国友人费正清、费慰梅夫妇注意到，林徽因写给他们的发自李庄的信件，信纸常常是粗劣不堪的，有时像是包过肉或咸菜的纸，字也总是写得密密麻麻，没有任何留白。

贫病交加的生活里，林徽因教育她的孩子们："我觉得现在我们做中国人，应该要顶勇敢，什么都不怕，什么都顶有决心才好。"这，就是风骨；这亦是一个母亲给予孩子的最好的教育。

在李庄简陋的农舍和昏黄的灯光下，梁思成撰写《中国建筑史》，而躺在病床上的林徽因则翻阅各种资料典籍，对书稿进行润色修改和补充。此外，林徽因还饶有兴趣地研究汉代历史，梁思成说："她一提起汉代人，简直像在谈论隔壁家要好的朋友！这还不打紧，她把他们的习惯、服装、建筑，甚至性情都牵连成一线。若按现在的速度做下去，她迟早会成为汉朝研究的专家。"

这个困居李庄，亲自提了瓶子上街头打油买醋，为丈夫、孩子缝缝补补，还能"全身都浸泡在汉朝里了"的女子，她享得了荣华也经得起贫苦，她可以很摩登也可以很素朴，当得贤妻当得良母，在最落魄的日子里她柔韧又雅致地活着，这样一个女子，倘若后人仅凭那"你是人间的四月天"诗句或者几段花非花雾非雾的恋情来评价她的一生，对她来说是一种不公，也是后人的浅薄。

◀ 李庄老街。

◀ 李庄老街。

爽利坦荡地和俗世交锋

有人说，性格决定命运。简明平实的一句话，放在人生的成败得失、喜怒哀乐里，却像是一句咒语，无法摆脱。

也有人说，一个人的性格养成，一部分源自天生一部分源自家庭环境。此话有其道理，但是我更相信，人是自我性格的设计师和创造师。你想成为什么人，你便会有什么性格；有什么样的性格，就有什么样的人生。

翻史料，会发现，林徽因甚有豪杰之气，为人坦荡磊落，快人快语。心直口快的人，有时难免会有刻薄之嫌，但究竟好过伪善。

林徽因生长的家庭，可谓显赫富足。祖父林孝恂，进士出身，历官浙江金华、孝丰等地；父亲林长民毕业于日本早稻田大学，擅诗文，工书法，曾任北洋政府司法总长等职。但林徽因童年生活并不快乐。

林徽因的母亲何氏，为林家只生育了林徽因。在从前，人们讲究"无后为大"，为传承香火，林徽因 8 岁时，其父林长民又娶了程氏，程氏为林家生育一女四子。母以子贵，程氏得宠。林徽因的母亲何氏呢，这个女人生于富商之家，但不知诗书，又娇惯成性不善家务，她既无法以才情博得夫君林长民的宠爱，亦无法以贤惠博得公婆的欢心，膝下又无子，在林家无甚地位，带着林徽因冷冷清清地居于林家后院。

女子若婚姻不如意，再通情达理也会生出一些怨尤来。更何况，林母并非通情达理之人，而林父宠爱二姨太且毫不掩饰他的情感，林母自是觉得羞辱，这怨念长年埋于心底，生成恨意。跟随备受冷落而情绪阴晴不定的母亲生活，林徽因的童年也便多了许多阴晴不定的记忆，这是她多愁善感性格的源头。费慰梅回忆林徽因时说，她"对周遭事物极端的敏感。当她休息够了的时候，对美丽的景色和有意思的遭遇迎之以喜悦。但是当她累了，或因为某种原因情绪低落，这时的她可能很难对付"。

即使是成年后，林父去世，林母随林徽因生活，母女相依为命，林母的为人处世方式仍为林徽因带来极大的困扰。林徽因曾致信费慰梅："三天来母亲简直把我逼进了人间地狱……我精疲力竭，到临上床还想着，真恨不得去死，或者压根儿没有生在这样的家庭……我知道我真的很幸运，但年幼时的那些伤害，对我是永久性的，一旦勾起往事，就会让我跌进过去的不幸之中。"

然而林徽因并未纵容自己跌入不幸之中。她从湿漉漉的童年里走出来，在日光下爽利坦荡地活。这份爽利坦荡，我更愿意相信是她有意识地自我修养而得来的。

林徽因20岁时，63岁的印度诗人泰戈尔访华，林徽因、徐志摩共同担任其翻译。同是爱诗、写诗之人，又有交集，想必林徽因并不陌生泰戈尔的这句诗："世界以痛吻我，要我报之以歌"。这世界，惯会翻手云覆手雨，然而世界翻云覆雨给人芬芳鲜花或响亮耳光，其本意或许皆为考验或磨炼。人如何辨识世界的意图，又如何回应？报之以歌。

无论这个世界怎样待你，你都要报之以歌。

或许"世界以痛吻我，要我报之以歌"译作"世界以痛吻我，我要报之以歌"，更妙。从"世界……要我"到"世界……我要"，从被动到主动。有的人一辈子活得充满快乐、惊喜和收获，而有的人却活得充满平庸、无聊和失败；究其原因，主动拥抱生活和被动接受命运，是这两种人的分水岭。

有人说，童年预示着一生，童年的快乐是一生快乐的源泉。林徽因却对之做了另一种诠释。在童年，她陪着母亲阴沉沉地过活，她发现，生活给了母亲苦痛，母亲顺从地承受苦痛，但这种顺从其实一点都讨好不了生活，父亲亦从未因为母亲的忍气吞声而对母亲施以爱意。大抵是从这儿，林徽因领悟了：当你发现自己陷在一种无能为力的生活境地时，你要有勇气走出这种生活；世界不给你好脸色，但你完全可以大大方方从从容容地对世界报之以歌，明媚地笑着招呼世界招呼生活。

是的，世界就在那里，你只管爽利坦荡地去活，当你爽利坦荡，你会发现，世界和你是相爱的。

1923 年 5 月 7 日，梁思成右腿受伤，卧榻疗养。林徽因日日来探望，为梁思成拭汗、打扇、读书。此时的林徽因和梁思成，什么关系？林父林长民和梁父梁启超刚刚就子女间的婚事达成一致意见，但下聘等诸多礼仪尚未提上日程。那么，依着当时中国国情，未婚女子和其未来的夫君是要保持距离的。

梁思成的母亲很是不满。梁母认为，梁思成卧伤在床，衣冠不整，大家闺秀理应低眉敛目小心回避才是，她林徽因怎么可以如此不顾体统如此出格？

不过，梁母似乎忘了，林徽因并非传统女子亦非寻常女子。林徽因读中学是在英国教会办的北京培华女中，14 岁随其父游历欧洲，其眼界、思想自是不同，依徐志摩前妻张幼仪的话来说，林徽因是个思想复杂、双脚完全自由的女子。梁思成受伤，要林徽因扭扭捏捏地故作避嫌之态，袖手旁观，她做不来。再则，为何要避嫌？她和他并无不雅之举。如果说关怀一个彼此喜悦的人有错，她愿意坦坦荡荡地一错再错。

梁母对林徽因看不过眼，梁父梁启超却因林徽因此举而更加欣赏这女子了，他颇为得意地致信长女梁思顺："老夫眼力不错吧！"

看，一个是未来的公公，一个是未来的婆婆，在同一件事上，公婆却态度迥异褒贬不一。视角不同，所见所思自然不同。

由此倒也不难理解，为何林徽因主持的"太太客厅"，往来多是胡适、沈从文、金岳霖、徐志摩、朱光潜等人物；为何林徽因的朋友多是活跃在各个领域里的精英男士，几乎没有女性。

一起谈天说地的人，要棋逢对手势均力敌才意味深长。那时女子，大多仍居于深深庭院内，手拈针线拼布剪花，即使有几个解放了腿脚和思想的出挑女子，她们的才情也多是远远逊于林徽因；她们不能和林徽因在同一层面对话，快人快语、不喜矫揉造作的林徽因又不知做谦和状和她们敷衍、周旋，彼此做不成朋友，甚至产生诸多误解或怨怼，真是在所难免。

谈起林徽因少有女性朋友，和林徽因过从甚密且是"太太客厅"座上宾的作家李健吾如是描述，林徽因"绝顶聪明，又是一副赤热的心肠，口快，性子直，好强，几乎妇女全把她当作仇敌"。

心肠赤热、性直口快又好强的林徽因，其唯一称得上交好的女性朋友是费慰梅。费慰梅是美国大妞，没东方女性那么多弯弯绕的心思，也没那么容易嫉妒。对于林徽因的才华和为人，费慰梅十分欣赏，战乱时穷困潦倒的林徽因常得到费慰梅的资助。

其实，"石头一车不如明珠一颗"，朋友不需多，有几个交心的便已足够；一生那么长又那么短，时间不该在琐碎的市井杂言中消磨殆尽，而应该留给最值得的人。

当然，一个人要坚持性直口快、爽利坦荡地生活，往往也最易招来非议。

1926 年 6 月 3 日，徐志摩在《晨报副刊》发表《拿回吧，劳驾，先生》一诗，诗中有云："'我求你'，她信上说，'我的朋友，／给我一个快电，单说你平安，／多少也叫我心宽。'"这诗记述了一则逸事：和梁思成同在美国留学的林徽因，有一天突然给国内的徐志摩写信，"我的朋友，给我一个快电"云云。收信后徐志摩甚是欢欣，"震震的手写来震震的情电"，赶去邮局发电文回林徽因。邮局收发电报的职员，看了看徐志摩的电文，迟疑地问徐志摩："先生，／您没打重吧？方才半点钟前。／有一位年青的先生也来发电，／那地址，那人名，全跟这一样，／还有那电文，我记得对，我想，／也是这……先生，你明白，反正／意思相似，就这签名不一样！"原来回电林徽因的不止他徐志摩一人呀！一问询，在京城的好几个朋友都收到了林徽因"我的朋友，给我一个快电"的信件，那几个朋友也个个第一时间回了林徽因。

这就是备受后人争议的林徽因"群发电报"事件。

后世里有闲人在微博上流传一个叫"民国美女林徽因如何泡男人"的段子，说："自己要保持美色、思想独立和个性；混各种高端圈子，认识文人、商人、诗人、学者、官员；储备各种男人，谈着、挂着、放着，不舍不弃；同一时间和多个人谈恋爱，同样的话和场景复制给多个人，节约时间成本；嫁给最名门的，绯闻给最出名的，再挂着最死心塌地的。"

真是刻薄得很！

了解林徽因的人都知道，她善谈，热爱与人交流，一生如此。而林徽因所处的那年月，文人之间殷勤地书来信往实在寻常。去看看《胡适日记》，胡适几乎每天都在写信、寄信，给好几个人。

后人诟病的是，此时的林徽因已明确拒绝了徐志摩的求爱，且和有了婚约的梁思成赴美留学，为何还要给徐志摩写信，使他"心中炉火更旺似从前"？给徐志摩一人写信倒也罢了，怎么又同时将相同内容的书信投寄给好几个男性？有人将林徽因写信问候国内诸多异性好友，指为高级调情。这也是中国国情，自古男女授受不亲，但凡有交往，或有想要交往的愿望，就必然是心怀鬼胎。

不过，后人更不乏清醒者，有个作家谈及林徽因"群发电报"事件，如是说："用交换书名的方式谈恋爱，用叙交情的方式试探，这样做的人一多，就使人忘记，真的有人，特别喜欢谈文学，对可以交换思想的友谊有着真实的需求。林徽因似乎就是后面这种人。""她天生强势，以为她的磊落，能让男人们屏退于禁区之外，而和她做纯友谊的交流。"

林徽因当年同时致电多个异性朋友，无非是人在异国他乡，心有乡愁，想起昔日朋友，一起谈天说地，几回回"午桥桥上饮，坐中多是豪英"，又几回回"杏花疏影里，吹笛到天明"，她是觉得怀念了呢。更要明白的是，请求"我的朋友，给我一个快电"时的林徽因也就二十一二岁。二十一二岁时，多愁善感真是寻常哪。至于为何只给异性好友写信，原因更简单了，她没有同性好友呀！她姿色绝美又绝顶聪慧，再自以为了不得的女子到了她面前都由不得露出村相来，她又不肯假装无知去和无知的人闲话无趣的家常，"几乎妇女全把她当作仇敌"，要她发信给哪个？

关于"群发电报"的事，后来林徽因从未对谁有过只言片语的解释。何必解释？懂的人，无须解释；不懂的人，解释何用？这女子，她从来如此坦荡又自我。她知道她是什么人，但不屑于让全世界都知道她是什么人。

她心中固有底线："我只要'对得起'人。"

好一个"我只要'对得起'人"！

不抱怨，不解释，不迷失。人生当如是。

1931 年 11 月 19 日，徐志摩坠机遇难，林徽因又坦坦荡荡地做了件让闲人津津乐道的事：她请梁思成从徐志摩遇难现场带回一块飞机残片，悬于卧室。

好事者称，这是林徽因爱徐志摩的铁证。

这一回，林徽因有所回应，她在致胡适的信中提到了自己与徐志摩、梁思成之间的感情："这几天思念他得很，但是他如果活着，恐怕我待他仍不能改的。事实上太不可能。也许那就是我不够爱他的缘故，也就是我爱我现在的家在一切之上的确证。志摩也承认过这话。"林徽因还写了篇《悼志摩》，刊登在《北平晨报》的"哀悼志摩专号"上。《悼志摩》可看出，林徽因的确堪称是徐志摩的知音，但也正因为她太了解他，所以纵使徐志摩待她爱如烈火，她还是毫无回转地拒绝了他，因为她知他不适合她，她也不适合他。她和他有共鸣，更多是因诗或文学，而非其他。

这回林徽因为何回应？大抵是为丈夫梁思成。她虽不畏人言，但她畏人言给予丈夫的伤害。她想使人知道，她思念徐志摩无关爱情；她亦想人知，她说出怎样的心意梁思成皆令她满足，一是因为梁思成爱她，二是因为她爱梁思成。相爱的人，愿意彼此成全，哪怕这成全，全世界看着都以为古怪。

回应或不回应，皆是选择。君子有所为有所不为。仅此而已。

其实，林徽因藏了两块飞机残片。一块来自徐志摩失事的飞机；另一块是抗战期间林徽因当飞行员的胞弟林恒在对日空战中阵亡，梁思成参与后事处理时带回的。残片，不过是为纪念心底永不残灭的真情。

最能见林徽因坦荡亦能见梁思成之坦荡的，不是梁思成、林徽因、徐志摩这三人行，而是梁思成、林徽因、金岳霖这三人行。

此话怎讲？

当年梁思成、林徽因相恋，常在松坡图书馆约会，心内痴情不绝的徐志摩也云遮雾绕地相跟，梁思成干脆在图书馆门上贴了"情人不愿受干扰"的纸条，请徐志摩退避。

而1932年，有一天，梁思成外出归来，林徽因很沮丧地告诉他："我苦恼极了，因为我同时爱上了两个人，不知道怎么办才好？"哪两个人？梁思成，金岳霖。那天，听闻此言，梁思成深感震惊。他知道林徽因是个诚实的人，爱就是爱、不爱就是不爱。她说她不爱徐志摩，他信，既然她不爱，他就愿意扮了小气鬼请徐志摩远离；她说她爱上了金岳霖，他信，同时慌乱不已。经过一夜痛苦思索，天亮后，梁思成对林徽因说："你是自由的，如果你选择了老金，我祝愿你们永远幸福。"

金岳霖经一番思忖，主动告退。他对话林徽因："思成是真正爱你的，我不能伤害一个真正爱你的人，我应该退出。"

宣布退出"婚姻竞争"的金岳霖，并未退出梁、林的生活。金岳霖说，"一有机会，我就住在他们家""我一离开梁家，就像丢了魂似的"。梁思成十分坦然地接受金岳霖的"逐林而居"。他的坦然接受，是种智慧。这是识人的智慧，他识得金岳霖的磊落，识得林徽因的操守。同时亦是他经营婚姻的智慧。爱一个人，就要信任她，包容她，更要勇敢地承担她的是非，担当得起俗世来说是非。

梁思成、林徽因、金岳霖，三人胸怀洒落，同一个屋檐下坦荡相对，清白规矩，如光风霁月。这故事，后人传为佳话。

但也有人不解，她林徽因凭什么又得美貌又得真情？

和林徽因同时代且有往来的冰心，1933 年在《大公报》上发表小说《我们太太的客厅》。这篇小说太有名了。在当时备受关注，在后世也是热议不断。他们都说，冰心借《我们太太的客厅》影射林徽因。的确，在那时候，北平北总布胡同 3 号，梁思成夫妇的客厅，女主人林徽因常邀一些学术大家、社会名流来品茶闲聊，切磋学问。每回聚会，女主人林徽因都是焦点，其广博的知识、灵敏的思维、严密的推理、流利的口才，以及得理不让人的气势，在场者皆为之折服。当时，林徽因的客厅声名鹊起，为学界和文化界所侧目。

冰心在《我们太太的客厅》中说，"我们的太太"举办"太太客厅的沙龙"是为博取更多人爱慕。倘若这所谓的"太太"真是讥讽林徽因，那么，冰心真是太小瞧林徽因了。林徽因和那个时代最出色的人物们在其客厅高谈阔论，为的是享受精神交流的愉悦，前提是，和她交流的人得具有同等智慧，否则进不了她的客厅。

林徽因读到冰心的小说时，正和梁思成等人在山西大同等地考察古建筑和历史文物，她阅后究竟脸色如何，不得而知。不过，她回到北平后，很快就派人给冰心送了一坛子山西陈年老醋。

好高明的回击，不着一语，让冰心酸味尽尝，又颇难还手。

这就是林徽因，美丽，聪慧，诗意，有豪杰之气，不爱窃窃私语，率性为人，她清楚自己是谁，更知道自己要什么，以及什么最适合自己。她抱着"我只要'对得起'人"的一颗心，翩然行走人间，有所为，有所不为。虽是生逢荒时暴月，但她以她的智慧将一生活得花团锦簇，似丰富又绚丽的四月天。

清醒前行，丰盛热烈地活

世间女子，几人似林徽因那般清醒？

待男女感情，林徽因自始至终冷静，不攀附，更不将就。遇见徐志摩时，林徽因十四五岁，徐志摩已是有了名气的诗人，但她清醒，徐志摩可以做她的文学导师，激励她前行，不过不适合进行婚恋。

很多年后，林徽因对她的儿女说："徐志摩当时爱的并不是真正的我，而是他用诗人的浪漫情绪想象出来的林徽因，可我其实并不是他心目中所想的那一个人。"

不少女子，当男子甜蜜地来几句信口胡诌的奉承时，就昏了头脑，以为遇见了世间最美的爱情。林徽因没那么好哄，她是极能清醒内省的女子。生活需要诗意，但诗意生活是根植于心的雅致和从容，是随时保持清风明月高山流水的心境。而非他人兴之所至吟几句情不知所起的诗，听者便忘乎所以，以为自此得了花好月圆。徐志摩可以给深情的爱意，林徽因在深情的爱意里保持冷静的思考与选择，所以爱情于她永生不会翻出毒药毒酒般的惨烈。

徐志摩和梁思成，一首诗与一幢建筑，林徽因选择了后者。她终生追求的是兼具科学精确与艺术美感的建筑学，而不是平仄迭起的诗。

是的，林徽因一生，其诗文才情虽美，但她最值得称道的是建筑学成就。

十四岁时，林徽因随父游历欧洲，在此期间，她结识了父亲的好友徐志摩。徐志摩带她领略了诗的美好，这个绮丽的世界，她喜欢，但她到底是个长于独立思考的女子，她愿意和喜欢的一切在一起，更愿意去追求心中浓烈地爱着的一切。在英国时，她有个同学是学建筑的，这位同学使她又看见一个崭新世界。"在旅行中，我第一次萌发了学习建筑学的梦想。西方古典建筑的辉煌壮丽激励着我。"林徽因说。

多年后，林徽因的儿子梁从诫回忆说："母亲是在英国时就受到一位女同学的影响，早已向往于这门当时在中国学校中还没有的专业。"

大抵林徽因有心要活一个与人人皆不同的生活。或许她最初也并未想着去做中国女建筑师第一人，她只想依她的天智、能力告诉身边人，男子能做的事，女子同样可以做得。年幼时，林徽因为未能为林家生得儿子，一生委屈地活着，虽然林父也宠爱林徽因，但这宠爱究竟是有异于爱子之心的吧。林徽因或许想证明给父亲看，男女并无不同，她这个女儿也是可以为林家添光彩的。

林徽因后来的成就恰也证明了：心有多大，舞台就有多大。

生活，不可将就，要讲究。随随便便采了一株草就回家，就别在后来的人生里抱怨一生都未嗅得花香，更不要叹羡他人花团锦簇的生活。

无论是爱情还是事业，喜欢和爱，林徽因从来分得清明。依着她自己的话说："我觉得我的一生至少没有太堕入凡俗的满足。"

太清醒或理性的人，生活或许少了些奔放不羁的快意或趣味，但其终能修得其渴望抵达的那份圆满。生活不就是有舍有得的事吗？舍，得，是选择的智慧。

林徽因得万千宠爱，一生花团锦簇，这荣光是她自己争气上进挣来的。她是个有意志力的女人，用哲学与逻辑学的严密与理性左右自己一生，智慧地舍去浅薄的欲念、凡俗的满足。

梁思成也爱建筑学吗？未必。虽然他和林徽因一样，珍爱中国传统文化，爱着造型艺术的趣味，不过他最初是想致力于雕塑艺术。1924年，梁、林二人赴美留学，林徽因选择建筑学；大抵是为迎合女友吧，梁思成最后也决定学建筑学。

看，在爱情里，男子不是不可以迎合女子。倘若一个男子口口声声说爱，却又强迫女子为他做千般万般改变，倒也并无其他原因，不过是不够爱或根本就不爱，仅想扯着爱情的幌子找个女子做他日常生活里的仆人，仅此而已吧。女子假使爱情不幸，往往原因也无他，是她自己不冷静，一味地迎合、迁就，费尽心力取悦男人，后来弄丢了自我，尝尽苦头后又丢了爱情，甚至婚姻。

忽然又想，如果当初林徽因坚定地学建筑学，而梁思成却选择了其他，梁、林二人是否还会有共度一生的婚姻？

入读美国宾夕法尼亚大学，梁思成很容易就进了建筑系，而当时宾大建筑系不招收女生，林徽因就先入了该校美术学院，但她不忘初心，选修了建筑系的课程。

想做的事，想去的地方，若不能遂愿，往往是因为不曾为想做的事、想去的地方尽心尽力。

人总有法子追求所爱并得其所爱。

林徽因在美国攻读建筑学，读到的是欧洲建筑史，而中国建筑在西方建筑界学人眼中，却像是不存在一样。有着强烈的民族感情的林徽因，对此深感不平。在宾大求学期间，她曾公开表达过："荷兰的砖瓦匠与英国的管道工，正在损害着中国的城市，充斥各个城市的是那些他们称之为新的时髦式住宅的滑稽而令人讨厌的范例。比如一座中国住宅被添上法国式的窗子，美国殖民地式的门廊和大量并不必要的英国式、德国式、意大利式和西班牙式的装饰细部，这是对东方艺术的亵渎。"

1927 年夏，林徽因从宾夕法尼亚大学美术学院毕业，又入耶鲁大学戏剧学院学习舞台美术设计。1928 年 3 月，梁思成、林徽因在加拿大渥太华结婚；同年 8 月，梁、林回国。

梁启超为梁思成、林徽因联系了坐落于沈阳的东北大学，让他们去东北大学创办建筑系，梁思成任建筑系主任及教授，林徽因教授中华雕饰史及专业英语。梁启超最初为梁、林二人也联系了在清华大学的工作，但后来力主梁、林去东北大学。梁启超说："（东北）那边建筑事业将来有大发展的机会，比温柔乡的清华园强多了。我想有志气的孩子，总应该往吃苦路上走。"

在东北期间，梁思成、林徽因一起设计了吉林大学校舍。同时，张学良出资发起征集东北大学校徽图案大奖赛，林徽因设计的"白山黑水"图案一举夺魁，拿下大赛的最高奖金。

梁、林之子梁从诫后来回忆说："父亲和母亲一道在东北大学建筑系的工作进行得很顺利，可惜东北严寒的气候损害了母亲的健康。一九二九年一月，祖父在北平不幸病逝。同年八月，我姐姐在沈阳出生。此后不久，母亲年轻时曾一度患过的肺病复发，不得不回到北平，在香山疗养。"

梁从诫又说："（二十世纪）三十年代，在梁思成作为一个年轻、热情的建筑学家所进行的对中国古代建筑的开创性的科学研究活动中，林徽因始终是他最密切、最得力的合作者之一。她不仅陪同梁思成多次参加了对河北、山西等地古代建筑的野外调查旅行，而且还同梁思成合作或单独撰写了调查报告多篇，发表在专门的学术刊物——《中国营造学社汇刊》上。它们至今仍被这个行业的专家们认为具有很高的学术价值；而她为我国古代建筑技术的重要工具书《清式营造则例》所写的《序》，可以说已成为这个领域中所有研究者必读的文献了。"

当时，梁思成、林徽因和他们所在的"中国营造学社"（研究中国古代建筑的学术机构）的同事们，在研究中国古代建筑时发现，框架式木结构是中国古建筑的基本形式。然而，经过上千年的朝代更迭与战火，当时学者们了解的唐建筑实物只有砖塔结构，没有木结构。日本建筑学界甚至断言，中国已不存在唐代木结构建筑。民族自尊心成为梁、林二人立志用现代科学技术的观念来系统研究中国古建筑的原动力。1932 年 6 月 14 日，梁思成去宝坻县考察古建，林徽因在香山养病。致胡适的信中，她写道："这种工作在国内甚少人注意关心，我们单等他的测绘详图和报告印出来时吓日本鬼子一下痛快，省得他们目中无人以为中国好欺侮。"

病情略有好转，林徽因就随梁思成骑着毛驴或坐着独轮车，到穷乡僻壤去寻找古建筑。野外测绘辛苦，跋山涉水自不必说，体弱多病又喜欢穿旗袍的林徽因如何上下古建筑穹顶呢？曾有人问过梁思成这问题，梁思成答之："这是我们家的秘密。"这秘密或可从一则轶事里略窥一二：有一回，金岳霖去梁家，发现梁思成和林徽因都在爬屋顶。一问，方知二人爬上爬下是为野外测绘练基本功呢。金岳霖当即作了一副藏头联打趣他们："梁上君子；林下美人。"

1937 年夏天，梁思成、林徽因以及中国营造学社的另外几个同事骑着骡子到山西五台山考察佛光寺建筑。这是梁思成、林徽因第三次山西之行，也是最重要的一次。在考察中，林徽因发现了佛光寺梁下的题记和经幢上"佛殿女弟子宁公遇"的文句，从而确定了佛光寺的建造年代：唐大中十一年，公元 857 年。

佛光寺的大殿，也是他们多年踏勘所知中国唯一存留的唐代木建筑。

梁、林的儿子梁从诫回忆说："直到许多年以后，母亲还常向我们谈起他们的兴奋心情，讲他们怎样攀上大殿的天花板，在无数蝙蝠扇起的千年尘埃与臭虫堆中摸索测量。"

考察完佛光寺，他们立刻寄信到太原教育厅，"详细陈述寺之珍罕，敦促计划永久保护办法"。

然而就在此时，数百里外的北平，卢沟桥上响起了枪声。国家和民

《中国雕塑史》　　　　　《中国建筑史》　　　　　《图像中国建筑史》

族到了救亡图存的时刻，营造学社的古建筑考察不得不戛然而止，这次山西之行成为林徽因夫妇考察事业的最后一个高峰。

战乱期间，林徽因卧于病榻协助梁思成完成了《中国建筑史》初稿和用英文撰写的《中国建筑史图录》稿。

抗战胜利后，林徽因全家于 1946 年 8 月回到北平。1946 年夏，清华大学成立建筑系，聘梁思成为系主任，林徽因为教授。1948 年冬林徽因动了摘除受感染的肾脏的手术。不久，她为清华大学设计教师住宅，并接受校外的设计任务。

新中国成立后，林徽因更忙碌了，病情再重也压不住她的工作热情。其子梁从诫曾回忆说："母亲有强烈的解放感。在旧时代，她虽然也在大学教过书，发表过文章，也颇有名气，但始终只是'梁思成太太'，而没有独立的社会身份。新时代到来之后，她陆续被聘为清华大学建筑系教授、北京市都市计划委员会委员兼工程师、人民英雄纪念碑建筑委员会委员、北京市第一届人民代表大会代表……她真正是以'林徽因'的身份来担任社会职务，来为人民服务了。"

国徽设计是林徽因建筑事业的顶峰。

1949 年 9 月 27 日，全国政协第一次全体会议召开，由于对初选的国徽图案不满意，大会决定，邀请专家另行设计国徽图案。一番商议后，确定由林徽因主持设计国徽图案。经过数月的设计、修改，1950 年 6 月 23 日，在全国政协第二次全体会议上，毛泽东主持并通过决议，同意报送的国徽图案。林徽因作为国徽设计者代表应邀列席会议，她见证了属于她一生的光辉时刻。而这时，她已经病弱到几乎不能从座椅上站起来了。

之后，林徽因又参加了天安门人民英雄纪念碑的设计和修建工作，承担了为碑座设计饰纹和花圈浮雕图案的任务。

新中国成立后，北京城的改造也轰轰烈烈地进行了。林徽因根据国外许多历史名城被毁的教训，预见到如果对北京城"就地改造"，把大量现代高层建筑硬塞进这古城的框框，结果一定两败俱伤。这些意见却遭到批驳。因为古城改造的分歧，在1953年8月的一次座谈会上，林徽因指着时任北京市副市长的吴晗的鼻子大声谴责："你们把古董拆了，将来要后悔的，即使把它恢复起来，充其量也只是假古董！"

那时，林徽因肺病已重，喉嗓失音，但她心头的良知血性令她冲动如金刚怒吼，又似炮弹投向那个时代的疯狂。此风骨，此作为，赛过多少须眉男子！

◀林徽因为纪念碑基座设计的雕饰

清华大学教授朱自煊，是清华大学建筑系第一班学生，即林徽因的学生，谈及林徽因，他说："讲林先生是才女，是美女，都是外表，最难得的是她的高贵品质，她代表了那个时代的一些女专家。一生都处在逆境中，但从不发牢骚，依然在积极为建筑事业作贡献。"

这才是真正的林徽因：一位建筑师，一位风骨凛然的知识分子，甘寂寞，知取舍，敢担当，宁谔谔不诺诺。

女作家萧红曾说过："当我死后，或许我的作品无人去看，但肯定的是，我的绯闻将永远流传。"对林徽因而言，亦是如此。

多少后人只将注意力放在不知来源的花边新闻上，却少有人驻足于林徽因在建筑、设计以及文学上的贡献与成就。尤其是建筑。建筑之于人类是最古老的发明之一，它从物理空间把人类与动物隔离了开来，当其发达则成了人类文明的实体形式。但是，在中国的历史长河中，有很长很长的一段岁月，建筑属于男人的创造，女人仅仅是建筑的拥有者、使用者、赞叹者，然而，这一男性独占的领域终于由林徽因打破。

林徽因的成就并不只是在于打破男性在建筑领域的垄断，亦不只在于她是中国第一个进入这业界的女性。而是在于她取得了卓越的专业成就——她是中国建筑专业教育的奠基者之一，是中国建筑史的主要整理者之一，亦是中国古典建筑理论营造学的主要整理者之一。这些成就，意味着现代建筑学在中国的开拓，也意味着中国古建筑理论最终完成了现代性的系统化、理论化。同时，这些成就更证明了女性不仅可以从事建筑，而且可以与业界最优秀的男人一样站到专业的最高峰上。

不懂得林徽因的真价值，她别的什么故事就都没有意义。

1955 年 4 月 1 日，林徽因在病痛里告别人间。她生于夏日，去于人间的四月天。追悼会上，金岳霖为她送上挽联：一身诗意千寻瀑，万古人间四月天。

吕碧城：心有一片海

吕碧城（1883 年—1943 年），近代著名诗人、政论家、社会活动家、资本家。1903 年，吕碧城成为天津《大公报》第一位女编辑，也是中国史上第一位女性撰稿人。1904 年 9 月，任北洋女子公学总教习，开创近代教育史上女子执掌校政先例。1912 年 3 月，受聘担任总统府机要秘书，成为中国史上女子任此高职的第一人。1915 年，袁世凯蓄谋称帝，吕碧城毅然辞官离京，移居上海，转而经商。1928 年，参加了世界动物保护委员会，成为中国史上第一位动物保护主义者。她擅填词，被誉为"近三百年来最后一位女词人"。传世著作有《吕碧城集》《信芳词》《晓珠词》《雪绘词》《香光小录》等。

那回和人闲谈，对面的人说起吕碧城的名，用了个词：传奇。

把自己活成了传奇的人有不少呀，翻开史册看，随处可见。这个吕碧城，其名似曾耳闻，我却又一时想不起在哪里听过。历史是个奇妙的屋子，住进去的人，生前再怎么搅动红尘风云，一入了史，时光尘埃那么一层层地覆去，人就不见了；若非着意探寻，真个是云深不知处。吕碧城在历史云烟里亦是越隐越深。

得了机缘，回望吕碧城，越了解越惊奇。

她是女子，簪了数朵花，朵朵属第一。如，中国新闻史上第一位女编辑，中国第一位女性撰稿人，中国教育史上第一个执掌校政的女子，中国女权运动的首倡者之一，中国第一位动物保护主义者，亦有人称赞其为"近三百年来最后一位女词人"……囊获如此多个第一，难怪在民国"绛帷独拥人争羡，到处咸推吕碧城"！

有才华者皆可称美人。美人吕碧城才华惊艳，偏又眉目生得好。人称"樊美人"的清末诗人樊樊山对美人吕碧城不吝赞词，称其"天然眉目含英气""冰雪聪明芙蓉色"。

我素来认为，要男人夸赞女人美貌，不难；要一个女子赞另一个女子貌美，没那么容易。但是，比吕碧城略小几岁的女作家苏雪林，说起吕的美，丝毫不见文人相轻、女人相轻的戏码，她坦直叹誉吕"美艳有如仙子"。

仙子最动人，不在其美姿容、娇波眼，在于精神。

人生有成，在于精神。

活在越来越自由的光明里

吕碧城又名吕兰清，她有个好童年。

父亲吕凤岐乃光绪三年丁丑科进士，吕碧城出生时，吕凤岐正任山西学政，官居三品。学政是个什么官？掌管一省教育的主官，相当于今时今日的教育厅厅长，但又不同于厅长；厅长多是由省政府任命，省政府直接管辖，而旧时学政则是皇帝任命，类似于钦差大臣，有事直接上奏皇帝。父亲是个有头脸的官员，家境自不会差。吕碧城的二姐吕美荪有诗云："负郭有田二千顷，仓廪常丰未为贫。"没错，她说她家田多粮多，从不差钱。

在这家庭里成长，吕碧城童年衣食无忧且饱读诗书。据说吕家藏书足有三万册之多。

天有不测风云。吕碧城十二岁时，吕父中风猝死。这是 1895 年。吕家似一艘船突然触礁。屋漏偏逢连阴雨，船破又遇顶头风。吕氏族人欺吕凤岐去世，这家再无男丁，便明目张胆来夺家产。吕凤岐本有两个儿子，遗憾的是，二子皆早夭；吕凤岐一去，家中只余吕母严氏和四个女儿。在中国传统社会里，家中没个男人，主妇又不强悍，这家的日子可能不会太好过。看，甭说外姓人了，连自己族人都欺到头上来了。吕氏族人下手甚是狠辣，勾结了土匪，劫持严氏。他们想必认为，一个家，若没了父没了母，几个女娃子撑不起船，随便使个手段就轻飘飘地翻了这船。

真是打错了算盘。吕碧城了不得，十二岁的小女娃挥毫泼墨，写一封封求援信，投寄给父亲吕凤岐的朋友或学生。官员的朋友大多也是官员，虽说有那么几个看人去茶凉懒得呼应，但也总有那么几个真性情的，愿雪中送炭出手相助。比如人称"樊美人"的樊樊山，和吕凤岐素有交情，此时他任渭南知县，为援手吕家而四处奔走。吕碧城的母亲严氏最终得以脱险。

有必要闲说一笔重情重义的樊樊山。樊樊山即樊增祥，和吕凤岐同在光绪三年中进士。史书上说，樊樊山天性聪颖、美姿容、工为文章，为清末民初时期晚唐诗派的领袖人物，又为藏书家。他长得好看又"性耽绮语"好作艳体诗，时人称之"樊美人"。

樊樊山救得吕家脱险。不料，一波平一波又起，汪姓乡绅来吕家要求退婚。退谁的婚？吕碧城和汪家儿子结有娃娃亲。吕家遭难，汪家不来帮助倒也罢了，偏又见吕碧城小小年纪竟能呼风唤雨展神通救吕家于险难时，汪家人怕了：这等女子若娶进门，如何降服？汪家是小庙，放眼看过去，还真找不出个有法力的来压吕碧城这个大菩萨。压不住又不肯捧着供着，也不曾想过和和平平皆大欢喜地处着，汪家选择早早地躲了。

在后世来思量汪家退婚之事，会认为这未必不好，依吕碧城才情及性情，倘若成年后真嫁了汪家，又依汪家这份小气，天晓得会再生出什

◀清末民初时的吕碧城。

么波折，兴许史上并无"吕碧城"了呢。不过，在那年月，订了婚的女孩子被婆家退婚，简直是奇耻大辱。其耻其辱不亚于女子婚后得夫家一纸休书。

吕碧城后来终身未嫁，是否和汪家退婚亦有几分关系？那是道看不见但结结实实存在的阴影吧。

看似坚强的人，心底往往藏有哪怕用去一生时间亦无可疗愈的伤。

遭遇家庭剧变后，严氏带着四个女儿回了安徽娘家。彼时洋务运动兴起，国内各地先后建了一些新式学堂。思想开明的严氏敏锐地感觉到时代的变化，她认为，女儿们应有新的生活，是她所未经生活过的。因此，1897 年，严氏又带着女儿们去了塘沽，投奔在塘沽任盐运使的吕碧城的舅父严凤笙即严朗轩，以使孩子们接受新式教育。

塘沽带给吕碧城新天地，但吕碧城一生的传奇，始于 1904 年春天，一列火车由塘沽开往天津，吕碧城乘车远行。

1904 年 5 月，时值暮春，有一天，吕碧城舅父严凤笙官署中一个方姓秘书的夫人去天津。吕碧城和方夫人约好一同前往。方夫人有她自己的事要料理，21 岁的吕碧城却为探访天津适合深造的女子学堂。这是吕碧城自己的决定。不料——人生几多故事皆源于这个"不料"——临行前，舅父得知消息，对吕碧城好一番责骂。在舅父看来，女大当嫁，少年时多读几本书可以，但到了婚嫁年纪赶紧找个好人家嫁了才是要紧事，怎可又生心思折腾着去学堂？舅父不骂还好，这一骂，更激得吕碧城耍倔强性子，行囊也不收拾了，她赤手空拳离家出走。

真是一着险棋。一个女子，一无所有，两眼一抹黑就将自己扔进了茫茫苍苍的社会，如何自处？ 19 年后，即 1923 年，鲁迅先生做了个演讲，名曰《娜拉走后怎样》。鲁迅谈到，不满足眼前沉寂生活的娜拉离家出走后，会面临两个结果：不是堕落，就是回来。因为钱是最要紧的。出走，不能只带了觉醒的心，还须富有，即提包里要有钱。没钱，无路可以走。

吕碧城没有钱。她什么都没有，除了她自己。但她没有"堕落"也没有"回来"。她有她的路。

逃上去天津的火车，在车中，吕碧城结识了一位贵人——天津佛照楼旅馆的老板娘。二人谁先和谁攀谈，谈了什么，不得而知；只知道一个结果：佛照楼老板娘为吕碧城补了火车票，到天津后，又安顿吕碧城食宿。

少年时寻思出法子救家人于水火之中，而今在一无所有中又可得

◀ 吕碧城与天津《大公报》英敛之夫
人淑仲合影。

萍水相逢的人倾力相助，山穷水尽处她总能转折出柳暗花明的景象，足见吕碧城很是个能翻得筋斗的。

一直住在佛照楼当然不是长久之计。那个方夫人不是先行一步抵达天津了吗？经一番探问，得知方夫人住在《大公报》报馆，吕碧城提笔给方夫人写了封长信，倾诉来津种种历经，又诉说心中志向，恳请方夫人施以援手。

巧，方夫人读信时，和她相熟的《大公报》创始人英敛之也在场。

方夫人看过吕碧城的来信，赞叹不已。英敛之心生好奇，要来看。

英敛之是个阅人无数见多识广的人物，但看过吕碧城的信，英敛之当即决定，他要帮助这个有魄力离家出走的女子。她的文采和心志，惊到了他。他隐约感觉到，这女子可和他一起搅一番风云。

那天晚上，吕碧城从佛照楼移居《大公报》报馆。

免不得接风洗尘，更免不了灯下长谈，英敛之、英夫人爱新觉罗·淑仲、吕碧城、方夫人等人大概是说到了女权，吕碧城挥笔填了一阕《满江红》：

> 晦暗神州，欣曙光一线遥射。问何人，女权高唱，若安达克？
> 雪浪千寻悲业海，风潮廿纪看东亚。听青闺挥涕发狂言，君休讶。
> 幽与闭，长如夜。羁与绊，无休歇。叩帝阍不见，怀愤难泻。
> 遍地离魂招未得，一腔热血无从洒。叹蛙居井底愿频违，情空惹。

英敛之为之叫好，更将这阕歌咏女权的词作，次日便刊登于《大公报》，那是 1904 年 5 月 10 日。

《满江红》是吕碧城冲破家庭枷锁、张扬女权解放的第一嗓高唱。作品署名，吕碧城没用本名"吕兰清"，而是署了"碧城女史"的名。

所谓碧城，道教上清派经典著作《上清大洞真经》中云："元始天尊居紫云之胭，碧霞为城。"元始天尊乃道教最高神三清之一，碧城是元始天尊的居所，世人常以"碧城"代指仙人或女道士的居处。吕碧城以"碧城女史"为署名，或可见其以仙人自居的高傲心性。

刊发吕碧城词作后，英敛之又做了个决定，聘吕碧城为《大公报》编辑。

此后，《大公报》便成为吕碧城的阵地，她接连发表了一系列关于

于慨世事難虞家難奇劇兄有著
作宜及身而定隨時付梓廣免身後
湮設裒刊曉珠詞即此旨時雖
遠客海外未餘校讐版滤字訛均
未遑計通以舊刊昔磬書者踵接
無以應也乃謀重鋟蘆為三卷初
稿多聱齗之作咋旅歐之作師園後
婷以佳廬文字逐譯釋與三載始
竣重黏詞筆　月餘得如千閱即此
卷也手寫新稿先付景印時與前二
卷合刊併成全璧敬希自珍深媿
結習之未蹦也丁丑三月呂碧城

自記

争取女权和提倡兴办女学的文章，比如《敬告中国女同胞》《兴女权贵有坚忍之志》《论提倡女学之宗旨》等，在社会上引起强烈反响。吕碧城在文章中流露出的刚直率真的性情以及横刀立马的气概，深为时人尤其新女性所倾慕、向往。

吕碧城，她亦由此奠定了其在历史上的辉煌地位：中国新闻史上第一位女编辑，中国第一位女性撰稿人，中国女权运动的首倡者之一。

很多年后，谈及自己的这番作为，吕碧城称："予之激成自立以迄今日者，皆舅氏一骂之功也。"幸好那年那日遭了舅父一通骂呀。

人生诸事，时隔多年后回头思量，便知种种，一切的发生都自有其存在的意义，一切皆是最好的安排。

其实吕碧城最当感谢的人，是自己。

一个人，能击败他的，只有他自己；能成就他的，也只有他自己。

要想成就最好的自己，除了听从灵魂深处的真实意愿，随心而行，活好当下，别无他路。

听从灵魂深处的真实意愿，很好，但前提是，要有独立之精神、自由之思想。

精神独立，思想自由，所有的事情经由自己认真思考后进行抉择，并担当起自己的抉择。

吕碧城便是如此。

在生活里，她独立，坚强，不依附，不畏惧。世界上唯一能助人扛得住生活摧残的就是独立和坚强。而人，只要是人，就要尝试且努力去做一个独立而坚强的人，这无关古时今日，亦无关男人女人。

当然，机遇很重要，平台也很重要。

机遇是自己挖掘出来的。闭门不出的人，只有一个机遇，那就是坐等老死。走出门去，闯荡来一个可开广阔天地的好机遇，又的确有过人的才华，平台便在那儿了，去跳舞吧，去迎接全世界投来的掌声和鲜花。

在《大公报》上出尽风头的吕碧城，引得当时京津两地知识界的热烈关注，众多文人雅士纷纷来天津寻访吕碧城，是所谓"诗词唱和无虚日"，又所谓"绛帷独拥人争羡，到处咸推吕碧城"。吕碧城大大方方从从容容地以女儿之身，去与男人们交游，出入男性的社交场所，这是清末民初社会的一道奇景。

此时，还有个人也来访吕碧城了——善骑射、好男装的"鉴湖女侠"秋瑾。众所周知，秋瑾亦是中国女权主义的倡导者，她认为"女子必当有学问，求自立，不当事事仰给男子"，这思想和吕碧城有共鸣处。不过，秋瑾从北京来天津访吕碧城，是因为秋瑾也曾以"碧城"为名写文章，

◀吕碧城治印"碧城女史""敛之氏"。

忽然见又出来一个下笔十分了得的"碧城"，她觉得有趣，于是便有了"双碧城会"的佳话。

后来吕碧城撰文回忆说，那天，《大公报》报馆的馆役来报，称外面来了个"梳头的爷们儿"的要见她。她去见了。当时秋瑾"作男装面仍梳髻，长身玉立，双眸炯然，风度已异庸流"。吕碧城虽赞秋瑾"风度已异庸流"，但这句"作男装面仍梳髻"措辞却十分微妙。更微妙的是，吕、秋二人交谈后，吕碧城称当晚"主人款留之，与予同榻寝"。主人是谁？吕碧城的上司、《大公报》创始人英敛之。那晚，英敛之留秋瑾住下，并安排秋瑾、吕碧城"同榻寝"，并非吕碧城挽留。次日清晨，吕碧城睡眼蒙眬间，忽然瞥见床下的一双男靴，大吃一惊，转瞬又意识到那是秋瑾的，再看秋瑾，正对着床头的小妆奁往脸上敷粉呢。吕碧城觉得不适。男有男美，女有女俏，男人活好男人的，女人活好女人的，

◀ 着男装的秋瑾。

各自在敞亮的世界里自由地活，这是吕碧城乐于看见的。

　　见过吕碧城后，秋瑾决定此后不再用"碧城"之名，归吕碧城专属。对此，吕碧城如此解释："相见之下，竟慨然取消其号，因予名已大著，故让避也。"好微妙的一个"因予名已大著，故让避也"。对秋瑾，吕碧城多少有些看不上吧。吕碧城还曾更为直白地说："古今中外不乏弃笺而弁以男装自豪者，使此辈而为诗词，必不能写性情之真，可断言矣。"

　　后人有说吕碧城、秋瑾交情甚好，这倒未必。二人虽有共鸣处，但二人的价值诉求究竟不同，两个人宛如两条道上的跑车。秋瑾心心念念是革命救国，常以花木兰自喻，要跨马提枪，"拼将十万头颅血，须把乾坤力挽回"；吕碧城要的是自我的自由飞舞，她倡导女权女尊只为使这世界给女子更广阔的驰骋天地，女子自在地去活出女子之美。

修己身立己德，复育人立人

　　19 世纪末 20 世纪初，中国处于思想文化的激荡之中，维新变法更是促进了思想解放，西学东渐已成风气，报刊上充溢着尚武强国、个性解放、男女平等的声音。少幼时便见识尽生活坎坷的吕碧城，更知男女平等以及女性思想独立、经济独立的重要性，是以她的不少文章都在谈女性教育、女性地位。

　　所谓"民者，国之本也；女者，家之本也"，所谓"有贤女而后有贤母，有贤母而后有贤子，古之魁儒俊彦受赐于母教"，所谓"儿童教育之入手，必以母教为根基"，吕碧城的这些论辞，即使在 21 世纪的今时今日来看，仍具较强的现实意义。

吕碧城认为，若欲有"贤女""贤母"，必先"启发民智"，使男女平等自由，使女子"得与男子同趋文明教化之途，同习有用之学，同具刚毅之气"，实现女子的真正独立，使旧礼教桎梏下的女子成为"对于国不失为完全之国民""对于家不失为完全之个人"的新女性。而"开女智、兴女权"，最主要的途径是兴办女学。这一种思想，亦可清楚见得，吕碧城和秋瑾虽同为女权斗士，但二人志同却道不同。激进的秋瑾为兴女权选择了革命，要从外向内打破禁锢女子的枷锁；温和的吕碧城选择了教育，要由内向外突破，提倡女子通过教育改变命运。

兴办女学，吕碧城有志于此，英敛之亦"久蓄兴女学之志，惟苦于师范无人"。吕、英一相逢，这下好了，一个得了好机缘好平台，一个得了好同志好伙伴。

英敛之和严复、严范孙、傅增湘等津门名流皆是好友，有英敛之的引荐，吕碧城和严复、严范孙、傅增湘等人亦逐渐相熟。

《天演论》译者、著名思想家、教育家严复十分赏识吕碧城的才华，收她为女弟子。对吕碧城，严复有个评语："此女实是高雅率真，明达可爱，外间谣诼，皆因此女过于孤高，不放一人于眼里之故。故我看甚是柔婉服善，说话间除自己剖析之外，亦不肯言人短处。"

严范孙是中国近代著名教育家，他积极倡导新式教育，曾奏请光绪帝开设"经济特科"借以改革科举制度。在推行新式教育方面，严范孙的重大贡献是筹设南开系列学校，被誉为"南开校父"。

傅增湘当时是袁世凯的幕僚，而袁世凯当时乃直隶总督，早在1902年，广办新政的袁世凯便已授命傅增湘负责在天津兴办女子学堂。

有英敛之、严复、严范孙、傅增湘这几个在当时一等一的人物相助，从塘沽离家来津本为寻访女子学堂攻读的吕碧城，就这样一转身成为兴办女学的头面人物。

1904 年 10 月 3 日，《大公报》刊登"倡办人吕碧城"的《天津女学堂创办简章》，规定学堂以"开导女子普通知识，培植后来师范，普及教育为宗旨"。同年 11 月 17 日，天津公立女学堂正式开学，这是中国近代教育史上第一所公立女子学校；吕碧城出任总教习。这一年，吕碧城 21 岁。

从春天到秋天，短短数月，一个普通女子转而成为著名女作家、中国新闻史上有史可查的第一个女报人，更是建设女学的领军人物，而这一切都发生在吕碧城的 21 岁。想来人生际遇实在奇妙，而这奇妙里，又蕴着许多的非如此不可。所谓功到自然成，所谓才华从不负

北京女学界为北洋高等女学堂总教习吕清扬暨北洋女子公学总教习吕碧城二女士开欢迎会。前排中立三人，中间者为吕碧城，右边者为吕清扬。

人，诚然如此。

吕碧城曾在其文章中写道："何以愚？不学则愚也；何以弱，不智则弱也。"学而开智，有智则强。有智且有志，人生必大成。兴办女学，吕碧城并非是为完成个人名利之想，她说，"女学之倡，其宗旨总不外普助国家之公益""女学之兴，归宿爱国"；"学校者，教育之地""凡国家欲求存立，必以兴学校、隆教育为根本""立国之道，在有完全美善之教育，以培植根本"。此等思想见识此等视野胸襟，存于一个 21 岁女子之身，那么，实在不难理解为何有那么多一等一的人物愿意竭力助她成为一等一的人物。

人必先有可爱之处，方可成可爱之人。

1905 年，天津公立女学堂改名北洋女子公学，22 岁的吕碧城出任公学监督。监督，即今之校长。吕碧城是中国近代教育史上第一所女子公学的女校长。

1906 年，北洋女子公学增设师范科，学校名称也因此改为北洋女子师范学堂，这是中国第一所女子高等学府；吕碧城出任中国近代教育史上第一所女子师范学堂校长。

尤其值得一提的是，1912 年春，北洋女子师范学堂改名北洋女子师范学校；1913 年 5 月，改名直隶女子师范学院；1916 年 1 月，改名直隶第一女子师范学校。该校先后培养出许多中国女权运动史上的风云人物，如邓颖超、刘清扬、许广平、凌叔华等。

吕碧城风华正茂，雄心豪气，为推广新式女子教育尽心尽力，她既负责学堂行政又亲自授课。在学堂的教育和管理上，吕碧城提出，要让学生在"德、智、体"三方面全面发展。"德"在首，是因为无道德，徒具知识,只能"济其恶,败其德";但同时又必须重智识,因为智识不开,则事理不明,道德也就无从谈起;重视"体育",是为学生在拥有健康人格的同时,也拥有健康的身体。

对于"德"的认识,吕碧城也别具一格:"世每别之曰女德,推其意义,盖视女子为男子之附庸物,其教育之道,只求男子之便利为目的,而不知一世之中,夫夫妇妇自应各尽其道,无所谓男德女德也。"

第一等的人,第一等的努力

在风起云涌变幻莫测的时代,吕碧城从默默无闻的女子一跃成为影响一整个时代的新女性,其自有卓越的才能和独特的价值。

当然,有贵人相助很重要。

英敛之是吕碧城在成就"吕碧城"的路上,无可忽视的一个大贵人。

这个英敛之,是了得人物,早在戊戌维新变法时在社会上已有一些影响力;他本姓郁,名英华,字敛之,戊戌变法时期常在报上发表文章评论国事,戊戌变法失败后,其流亡国外。后来,慈禧太后为讨好洋人,大赦了一批戊戌变法的重要人物,其中就有英敛之。不过,那名单中没写姓氏,只写了他的名"英华"。据说当时慈禧太后特意说了句:"把那个满人英华也赦免了吧。"此后,他索性将姓"郁"改为"英",以"英敛之"之名行世。1902 年 6 月 17 日,英敛之在天津创办《大公报》,"报之宗旨在开风气,牖民智,挹彼欧西学术,启我同胞聪明"。《大公报》以言论报国,敢于针砭时政,所谓"阐发公理也,激扬公论也,开通民智也,维持国力也……执笔之士,临死生患难、刀锯鼎镬而不易其宗旨也"。英敛之曾亲笔撰写《论归政之利》一文,刊发《大公报》,公开要求慈禧撤帘归政，又直斥慈禧的亲信、军机大臣刚毅为祸国殃民的"国贼"，还痛骂拥护慈禧的大臣们为"谄媚小人"。

这样一个激扬的英敛之，才可以发掘并推出那样一个激扬的吕碧城吧。

和谁在一起，这很重要。和不一样的人在一起，就会有不一样的人生。但是，从来都是"人以群分"。越了得的人物其眼光越苛刻，非有大智慧大才华者入不得其眼近不得其身。英敛之如是，严复、严范孙、傅增湘等人亦然。他们甘愿为吕碧城做嫁衣，只因吕碧城的确够出色。他们在吕碧城身上，能看见他们已有的东西，也看见了他们虽无但渴望抵达的东西。

依英敛之的话说，吕碧城"承渊源家学，值过渡时代，擅旧词华，具新理想"，这样的女性，糅合传统和现代，又古又今、又旧又新，她符合清末民初这个过渡时代人们对女性的期待——既能启蒙其他女性又能为国家民族危机尽一己之力——这一新女性形象她担当得起。

生于书香之家"承渊源家学"的吕碧城，自幼便有才名，她工诗文、善丹青、能治印、娴音律，词写得尤其好。在19世纪末20世纪初，有一把好文笔的女子不多，能够清晰地触摸时代脉搏且言之有物地通过书写的方式去表达出来的就更少了，然而吕碧城可以。

吕碧城一生著有多部诗词集，如《信芳词》《晓珠词》《雪绘词》《香光小录》等，其代表作被近代词学大师龙榆生收入《近三百年名家词选》。龙榆生盛赞吕碧城为"凤毛麟角之才女""近三百年来最后一位女词人"。这赞赏，不可谓不高。

后人回顾民国时期在文学上深有建树的女性，推出"民国四大才

曉珠詞

樊樊山先生評　　　　　　　　旌德女士呂碧城聖因

清平樂

冷紅吟遍夢繞芙蓉苑銀漢瀲灩清更淺風動雲華微捲　水邊處處珠簾月明時按歌弦不是一聲孤雁秋聲那到人間。

生查子

春光早六幅畫羅裙拂徧江南草

清明烟雨濃上巳鴛花好游侶漸凋零追憶成煩惱。當年拾翠時共說。

如夢令

夜久蠟堆紅淚漸覺新寒侵被冷雨更淒風又是去年滋味無寐無寐畫

南唐二主之道

無風自恨
君如隴西侯
子如霸西侯劉結襪句拂
爽不過如誡來句

一

《晓珠词》。

女"，吕碧城居一，另三位是张爱玲、萧红、石评梅。她们各以其独具特色的创作风格及审美倾向在民国文坛独树一帜，在文学史上贡献了浓墨重彩的一笔。

中国传统的读书人，历来有个奉行不渝的信条：学而优则仕。吕碧城似乎也未能免俗。1912 年 3 月，袁世凯就任中华民国大总统，不久，袁世凯聘请吕碧城为总统府秘书。在此职位上，虽然吕碧城并未做出什么政绩，但她却成为中国近代史上第一位任此高职的女性。

对，吕碧城又拿了一个"第一"。

她这一生，"第一"的名头实在太多。看那些荣耀，甭说女子，纵使是男人，拼却一生努力，也未必能得一二，她竟像是在自家衣柜里取华服，随手拨拉，肆意惊艳。

不过，也有句话说了，"你必须十分努力，才能看起来毫不费力"。所谓左右逢源，所谓水到渠成，皆是有了充分准备以后的亲切写真。

去思量吧，吕碧城在绽放《大公报》前，如何幼年勤读诗书，少年失父、母亲落难，遭退婚，辗转异乡寄人檐下，一连串的大风波里，她是如何存守心性修持己身，方能做得仅凭一封求助信就让见识不凡的英敛之窥见她的惊世之才？身无分文离家出走，却能将自己照顾得妥妥当当又活得体体面面，单这本事又岂是人人唾手可得？任职《大公报》后，为女权发声，兴办女学，揽下这些"瓷器活儿"，仅是因为她有着常人所不具备的"金刚钻"即天赋异禀吗？她天分高，这不假，但这绝不是唯一的因素，从来不是。所谓天赋，无非是看见自己所擅长的并将这份所长勤加练习，使之成为随时随处皆得心应手挥洒自如的东西。

哪个第一等的人不曾付出第一等的努力？世间所有的左右逢源或

◀吕碧城在上海留影。

水到渠成，皆源于曾经不辍素志不辍月晨灯夕的开掘。是所谓"才出于学，器出于养"。

　　1915 年，袁世凯谋求称帝，吕碧城辞去总统府秘书之职，移居上海。经了数年的官场虚度，大抵她也看得清了，她不善政治，而她所要的也从来都不是在政界叱咤风云。当年选择从政，或许只是因为北洋女子师范学堂在辛亥革命期间停办，闲着也是闲着，不妨朝了别的路子再走走看。

　　生而为人，头里长着大脑，足上生着脚趾，当然可以选择任何方向且去任何地方闯荡。凡事总要试试才好。人在转山转水中，更容易看清自己是谁，要什么，能做什么。

美女子自己赚钱买花戴

辞去总统府秘书一职，吕碧城移居上海，这一年，她32岁。

看她前三十年，从文、从教、从政，真个是轰轰烈烈，演绎了一个个不灭的传奇，然而她的传奇并未结束，在上海，她转身做了商人，只用两三年时间便积聚起甚为可观的财富。

经商收益丰厚，吕碧城如此自述："于家庭锱铢未取；父母遗产且完全奉让（予无兄弟，诸姐已嫁，予应承受遗产），可无告罪于亲属矣。"她又说："余素习奢华，挥金甚巨，皆所自储，盖略谙陶朱之学也。"

大意是说，她不曾从家庭继承遗产，经商有成不过是因她"略谙陶朱之学"。

陶朱公范蠡，春秋末年人，曾献策扶助越王勾践复国，功成名就之后急流勇退，扁舟五湖，遨游于七十二峰之间。山水看尽，范蠡经商，成巨富。世人誉之："忠以为国，智以保身，商以致富，成名天下。"后世商人尊称范蠡为"商圣"，范蠡经商之道即吕碧城所谓"陶朱之学"。

吕碧城在商业上大有成就，和她"谙陶朱之学"有关，亦和她活跃京津时在社会上层积累了宽泛人脉和旺盛人气有关。想她先前往来哪个不是响当当的人物？当然，结识再多响当当的人物，若她自身浅陋，所结所识再广再众亦是白搭。

看这世间，多少人终日花蝴蝶一样四处穿梭着和名流握手合影，到头来，他们所能炫耀的也仅是那些看似热闹其实可笑的浮华而已。他们立身于尘埃中向往云端风情，遗憾的是，其自身并无飞纵云端的能耐。

而在云端的人，他们不介意俯身和尘埃里的仰慕者握手，但他们只愿意和同在云端的人携手，去更远地方，得更多风流。惺惺惜惺惺，好汉惜好汉，从来如此。

吕碧城自身优秀，自可得甚多优秀人士相惜相助。不过，吕碧城所说"素习奢华，挥金甚巨，皆所自储"，这句亦甚值得玩味。

在上海，吕碧城有幢自建小洋楼，室内陈设富丽堂皇，生活方式西派。文史学家郑逸梅《人物品藻录》中记载："吕碧城放诞风流，有比诸《红楼梦》中史湘云者。且染西习，常御晚礼服，袒其背部，留影以贻朋友。擅舞蹈，翩翩作交际之舞，开上海摩登风气之先。"而她更是深谙中国古典文化，生活中自是也少不了传统文人雅士的风流，中西合璧，使得娴雅也使得奢华，好不有趣。

这一切，皆由她自家双手赚得。热衷奢华又如何，挥金甚巨又如何，她身上华服桌上美食皆自给自足，她自然可以底气十足地挥洒，气定神闲地享受。

一路看着吕碧城长大的"樊美人"樊樊山，夸赞她："以一弱女子自立于社会，手散千金不措意，笔扫千人而不自矜。"

不吃免费的午餐，更不受嗟来之食，自己赚钱买花戴，女子如此自立于社会，其生活必然从容自在。

一个女子，美在精神独立，贵在经济独立，自由掌握自我命运，人生丰润圆满。

从不将就，从不苟且

有首歌这样唱："自己买花自己戴，爱恨多自在。只为人生不重来，何不放开怀！"歌中又唱："谁说女人心难猜？欠个人来爱。"

吕碧城也欠个人来爱。

她是个美人。从传世的照片里可见，她生得眉目清朗，有花繁月圆的饱满，更有气定神闲的笃定，是的，还有几丝冷艳。

当年在天津，英敛之和吕碧城相识，他对她也曾一度目眩神迷，这份眩迷既为吕碧城的貌也为吕碧城的才。在日记中，英敛之曾自叹"怨艾颠倒，心猿意马"，但他"使君有妇"呀，况且与妻感情甚笃，由不得他又自我警醒"莫误作，浪蝶狂蜂相游冶"。

吕碧城喜欢英敛之吗？英敛之生得相貌堂堂，有才情有品位有地位，又竭力助她，依着俗情，她对他多少也有些异样的感觉吧？可是，偏偏，从头到尾，没有史料可证明，吕碧城对英敛之有过非分之情。

不但对英敛之无感，她一生所遇优秀男子多矣，也还是谁都不曾爱上。她的老师严复，作为长辈和过来人，曾劝说她"不必用功，早觅佳对"。吕碧城不以为然，"大有立志不嫁以终其身之意"。

严复又和吕碧城谈论"自由结婚之事"，她的回答更令老师吃惊："至今日自由结婚之人，往往皆少年无学问、无知识之男女。当其相亲相爱、切定婚嫁之时，虽旁人冷眼明明见其不对，然如此之事何人敢相参与，于是苟合，谓之自由结婚。转眼不出三年，情境毕见，此时无可诿过，其悔恨烦恼，比之父兄主婚尤甚，并且无人为之怜悯。此时除自杀之外，几无路走。"

行事一向被人视为放诞，不以俗世规矩只照自己心意，这样的吕碧城，竟不赞成"自由结婚"？或许不是。她只是不赞成未经深思熟虑而盲目、草率地结婚。

严复又说，吕碧城"心高气傲，举所见男女无一当其意者"。

其实吕碧城有称意的人，她曾这样玩笑着说："生平可称许之男子不多。梁任公早有妻室；汪季新年岁较轻；汪荣宝尚不错，亦已有偶。张謇公曾为诸贞壮作伐，贞壮诗才固佳，奈年届不惑须发皆白何！"梁任公是梁启超，汪季新是汪精卫，汪荣宝是民国时期的外交官，诸贞壮是当时的文艺名流。她觉得中意的人要么太小要么太老，要么已有妻室。难怪她说"所遇迄无惬意者"。

但切莫以为吕碧城择偶势利，她说得明白："我之目的，不在资产及门第，而在于文学上之地位。"她看重的是文采风流啊。否则，怎可和她共鸣？

说到文采风流，倒有一人，袁世凯次子、"民国四公子"之一的袁克文。袁二公子和吕碧城诗文唱和往来频频，好似郎情妾意，二人关系屡受时人揣测、推敲。有好事者竟就当真问了吕碧城，袁公子如何？吕碧城笑而不答，再问，答之："袁属公子哥儿，只许在欢场中偎红依翠耳。"

看，她等的那个人，要年岁和她相当，要文采风流，更要情感守一。一言概之：那人要身和心皆可和她一对一，容不得高低，容不得左右。如此这般，实在难得相当伴侣。不过，她一点都不为伴侣难得而有丝毫不安，她说："手边略有积蓄，不愁衣食，且以文学自娱耳。"真是个灵魂挺拔的女子！

后来有人说起吕碧城，冠其以"民国著名剩女"之名。好不荒唐。所谓剩女，一个"剩"字可见内情，可见酸楚。而吕碧城却不。

女子结婚，为何？找个男人来养自己？她经济丰裕，不需要。那就找个可以说话的人，谈天说地乐悠悠，说到老，不厌不倦。

遗憾的是，当时男子无人可与她匹配，她看那世间，没一个可入眼。

随便找个男子蒙头盖脑地过一生？对自己未免也忒不尊重了吧。

生活，要讲究，不要将就。宁缺毋滥。与其在一起凑合，不如一个人优雅生活。

今时今日人们不是向往说走就走的旅行吗？又街头巷尾传唱歌谣："生活不止眼前的苟且，还有诗和远方的田野。你赤手空拳来到人世间，为找到那片海不顾一切。"吕碧城早将"说走就走"潇洒地付诸生活，她的生活不将就、无苟且，有大把的诗和远方的田野，她赤手空拳来这人世间，只为心中那片海而活。

有财力、无羁绊的吕碧城，1918 年忽起兴致，赴美留学，在哥伦比亚大学攻读文学与美术，同时兼任上海《时报》特约记者，撰稿述其在异国他乡所见所遇所感。四年后学成归国。

一晃又一个四年，1926 年，吕碧城再度飘然远行，漫游欧美。这一回她行走的时间更长，达七年之久。瑞士日内瓦湖畔是她旅行欧美期间"从异乡到异乡"的据点。行旅见闻，以文记之，先后连载于京沪的报章杂志，后结集出版，名"欧美漫游录"。这本集子，中国台湾大块文化出版公司在 2013 年 10 月将之再版，又为之取了个副标题："九十年前民初才女的背包旅行记"。再版的导读中，称吕碧城为"中国女性'背包客'先驱"，说她"一只皮箱只身重洋，走走停停随心所欲，漫游于异域与心灵之间""以中国诗词描画西方风土景物，独树一格"。

看，这女子随便做个什么，都是开先河、成先驱的。

她总有法子在这世界活得热热闹闹，无论何时何地，无论群处或

访旧论怀实
可伤经年独
卧涅槃堂门
无过客窗无
纸炉有寒灰
床有霜病後
方知身是苦
健時都为别
人怕老僧自有
安间法八苦交
如总不妨
直歇禅师诗
吕碧城书

◀吕碧城中年墨迹。

独处。

约 1927 年至 1928 年初这段时间，吕碧城旅居英国伦敦，有一天，友人孙夫人偶然在街头"捡得印光法师之传单，及聂云台君之佛小册"，孙夫人看了后甚是鄙夷："在这个时代，谁还要这东西！"吕碧城立刻应声说："我要。"此后，吕碧城"遵印光法师之教，每晨持诵弥尊圣号十声，即所谓十念法"。她自此学佛。这机缘来得奇特，连她自己也感叹道："遇佛法于海外，已属难事，况此种华文刊品，何得流入英伦，迄今犹以为异。"而"此种机遇，似有定数存焉"。

1929 年 5 月 13 日，受国际保护动物会邀请，吕碧城盛装赴维也纳出席万国保护动物大会。当时，欧美人士虽然提倡保护动物，但仅限于禁止虐待动物，而吕碧城主张除不使动物受虐待外，更应进一步戒杀，以保护动物的生命。

那天，吕碧城登台用英文发表演说，"戴珠抹额，着拼金孔雀晚妆大衣，皆中国物也"。她以东方儒家与佛教的精神，提倡仁爱、戒杀、素食。她还特别声明"废屠非仅予个人之主张，亦且代表吾国一切爱和平而蔬食之人"。会后，她将所带中国佛教及其他相关书籍赠送与会者，向各国宣传中国传统文化保护动物之道，指出中国几千年来有"天子无故不杀牛，大夫无故不杀羊，士民无故不杀豕"的文化传统，近代以来中国也与世界文明进程相一致，热爱和平，保护动物。

吕碧城流利的英文、独特的见解、优雅的风度，引得世界各大报纸在会后对这中国女子连篇累牍地报道。当时美国有本名为《蔬食》的杂志，如是介绍吕碧城："一个著名的中国诗人，一个知识广博的人道主义者，一个典型的素食者。"

没错，去维也纳万国保护动物大会走一遭，吕碧城又拿了个第一：去国际大会上宣讲动物保护主义，在中国吕碧城是第一个；同时，她也是中国第一位提倡动物保护主义者的人。

学佛，断荤茹素，更各地奔走演讲宣传"护生戒杀"的动物保护主张，和志同道合者创中国动物保护会，吕碧城在"戒、定、慧"修行的路上越行越远。

1930 年 11 月 17 日，这夜，吕碧城做了一个梦，梦中有路，莲叶展于路中。醒来，她正式皈依三宝，成为在家居士，发号曼智。此时她居于日内瓦湖畔。

她阅尽人间繁华，觉三千浮生若水，愿去莲花深处，涤尽心上尘。

1929 年，吕碧城出席国际保护动物协会维也纳大会。前排右起第四人为吕碧城。

◀吕碧城在哥伦比亚大学时的留影。

1933 年，吕碧城由瑞士回国。后来的多年里，又常国内国外不停地行走。1939 年，定居香港。1943 年 1 月 24 日，她在香港九龙辞世。

在遗嘱中，吕碧城要求将其在美国纽约、旧金山以及上海的存款共 20 余万港元悉数提取，用于弘扬佛法；同时要求"遗体火化，把骨灰和面粉制成小丸，抛入海中，供鱼吞食"。

她人生的最后一首诗自梦中得，云："护首探花亦可哀，平生功绩忍重埋。匆匆说法谈经后，我到人间只此回。"

只此一回已是足够。她之一生，出走、办报、写词、办学、经商、学佛，种种种种，生逢乱世，却出尽风头，活出了性情，活得尖锐、浓烈，亦不失妩媚。她不是旧时代低眉垂目的淑女，她是清末民初上

◀吕碧城在纽约留影。

层社会精英男性心目中理想的"女国民",抑或许她谁都不是,她只是她自己,照着自己的意思,在人间自得其乐地生活,似从泥塘里长出来的莲花,傲然出挺,娇艳盛放。她的一生,另一些人合着活几生几世都未必能及。

不过,在她看来,平生功绩不谈也罢。她只是匆匆往返人间。在这人间,她看不上的人太多,不明不解她的人同样多。她就是一朵莲呀,尘世里绽放,人要说她美艳,或说她清寂,皆由人去。她自去她的路。

心向往之，
愿行亦能至
Xiansheng haomei